U0948020

中日转移支付比较研究

景婉博　著

中国财富出版社

图书在版编目（CIP）数据

中日转移支付比较研究／景婉博著．—北京：中国财富出版社，2015.8
ISBN 978-7-5047-5827-9

Ⅰ．①中…　Ⅱ．①景…　Ⅲ．①财政转移支付—对比研究—中国、日本
Ⅳ．①F812.45 ②F813.133

中国版本图书馆 CIP 数据核字（2015）第 178414 号

策划编辑　李彩琴　　责任编辑　于　淼　李彩琴
责任印制　方朋远　　责任校对　饶莉莉　　责任发行　敬　东

出版发行　中国财富出版社
社　　址　北京市丰台区南四环西路 188 号 5 区 20 楼　　邮政编码　100070
电　　话　010-52227568（发行部）　　010-52227588 转 307（总编室）
　　　　　010-68589540（读者服务部）　　010-52227588 转 305（质检部）
网　　址　http：//www.cfpress.com.cn
经　　销　新华书店
印　　刷　北京京都六环印刷厂
书　　号　ISBN 978-7-5047-5827-9/F·2444
开　　本　710mm×1000mm　1/16　　版　　次　2015 年8月第1版
印　　张　13.75　　印　　次　2015 年8月第1次印刷
字　　数　197千字　　定　　价　56.00元

版权所有·侵权必究·印装差错·负责调换

前　言

转移支付制度是分税制财政体制的重要组成部分，是分税制不完善的补充途径，发挥着协调政府间财政分配关系的重要作用。我国的转移支付制度自1995年建立以来，框架不断健全，体系日益完善，在实现国家宏观政策目标和调节政府间财政关系等方面发挥了重要的作用。但与国外相比仍然存在不足之处，如法律建设滞后、结构体系欠优、资金分配欠科学、操作程序不规范、监督管理落后等，特别是专项转移支付存在的问题更加突出，已经引起学界和社会各界的广泛关注。如何在今后深化财税体制改革中完善我国的转移支付制度，促进政府间财力均衡和基本公共服务均等化，成为值得研究的课题。

日本和我国在地缘关系上一衣带水，政治体制均是实行单一制，财政体制均实行分税制，转移支付制度实施的背景具有相似之处，具备可以借鉴的基础。而且日本的转移支付制度已有六十年的历史，自实行以来极大地促进了日本区域间经济的均衡发展，保障了基本民生，促进了中央特定目标的实现。因此，有不少经验也值得我国借鉴。在转移支付问题研究中，单方面研究中国转移支付和日本转移支付的文章比较多，对中日转移支付制度进行系统地比较研究还是一个薄弱环节，而且比较研究是非常必要的，通过中日转移支付的比较才能发现问题并有针对性地提出解决方案。因此，本书选择了对中日转移支付进行比较研究，通过比较借鉴日本的经验教训，力图在此基础上为完善我国转移支付制度提供一些有益建议。

中日转移支付制度比较研究的理论依据主要是公共财政理论、财政分权理论、政府间财政关系理论、比较学相关理论等。因为转移支付是公共财政体制的重要组成部分，公共财政体制是建立在公共财政理论基础上的，转移支付制度要与公共财政理论相一致。转移支付的一个重要目的是保障地方政府事权与财力、事权与财政支出相匹配，这一问题必须在财政分权理论的视野下进行分析。转移支付是分税制财政体制的重要补充，其中一个重要的职能是协调政府间财政分配关系，与政府间财政关系理论有着密切关系。

本书主要运用了比较研究法、归纳法、图表分析法、资料收集、文献分析法等研究方法。其中，运用比较研究法找出中日转移支付的可比性、可以进行比较的方面和环节，选择在中日转移支付制度背景、结构和规模、资金分配方法、效果等方面进行比较。在比较分析的基础上，运用归纳法，得出两国转移支付的异同，总结日本转移支付对我国的启示，找出我国目前转移支付体系中存在的问题，提出推进完善我国转移支付制度的思路。运用文献分析法，收集、整理文献，并通过阅读、判断，甄别资料数据的可用性，筛选出能够说明问题的资料和数据。运用图表分析法，主要对中日转移支付的结构、规模、功效进行描述和分析比较，进行动态式的研究，加强比较和分析的深度。

本书研究的主要内容和相关结论有以下几方面：

第一章，绪论。介绍本书研究的背景、意义及研究对象。在对国内外相关文献梳理和归纳总结的基础上，提出本书的研究方法、基本观点和思路、大纲及可能有的创新之处。

第二章，理论基础。研究政府间转移支付制度的前提是厘清政府间财政关系框架，理论基础也从政府间财政关系理论切入，进而由政府间财政关系理论引出转移支付制度相关理论，包括转移支付制度的界定、目标、设计依据、类型等，除此之外，还分析了公共产品理论、外部性理论、社会公平理论、财政分权理论、政府间财政关系理论等和转移支付的关系。

第三章，研究中日转移支付制度需要从其制度背景入手，因此该章节主要围绕中日两国实施转移支付的制度背景展开比较，主要包括政治体制、财政体制等经济社会背景。从两国实施转移支付的背景分析说明选取日本转移支付作为比较对象是有一定的原因和依据的。

第四章，主要围绕中日转移支付各自的立法体系展开论述和比较。分析了日本转移支付的立法程序以及法律体系，和中国转移支付立法现状进行比较，找出两国在转移支付法制建设中的异同。

第五章，进行中日转移支付的制度背景比较分析后，进入对制度框架的整体介绍，该章分别介绍了两国转移支付制度的框架、结构，给两国转移支付制度一个大体的描绘。

第六章，本章着重对中日两国转移支付，主要围绕无条件的转移支付和有条件的转移支付的资金分配方法进行梳理，并进行详细的比较分析，试图通过对分配方法的比较找出一些异同点。

第七章，本章着重从分析中日两国转移支付的功能作用来进一步分析两国转移支付功能目标定位的异同。

第八章，通过以上几个章节对中日转移支付五个方面进行详细比较研究后，有针对性地提出我国转移支付中存在的问题。在借鉴日本经验教训基础上结合我国目前现实情况，提出未来转移支付改革的思路和意见建议。

景婉博

2015 年 7 月

ABSTRACT

The transfer payment system, an important part of the revenue – sharing system, is a supplement to tax distribution system and help coordinate the financial relation between central government and local government. The transfer payment system is established in 1995, which has great significance in the achievement of macro-control goal of economy. However, this system still has many defects, just like lack of legislation, imbalance of finance distribution, disorder of operation, lack of supervision, irrationality of structure and so on. Especially, the special transfer payment has significant deficiencies, which has gotten much attention. So this dissertation focuses on the solution.

From the global view, Japan which is our neighbor country, has nearly the same unitarily political system, the same revenue – sharing system, the same background of implement of transfer payment system. So it is a good model for China to learn. The history of Japan's transfer payment system which is nearly 100 years has greatly promote the balanced development of regions, achieve the protection of livelihood, reach the special goal of central government. There are many papers in the research of transfer payment system respectively in China and Japan, but no comparative study. The purpose of this dissertation is to get practiced suggestion for China based on the comparative study of two countries.

Public finance theory, the theory of financial relation among governments, governmental function theory, financial distribution theory and comparative theory construct the theoretical basis of this dissertation. The transfer payment system is an important part of the public finance system which is based on public finance theory. So the public finance theory is the basic theory. Because the target of transfer payment system is coordination of governmental relationship and helps match the governance and expenditure responsibility of governments, the governmental relationship theory and financial distribution theory are the basic theory. The transfer payment system is obviously the function of central government, so the governmental function theory is the basic theory.

The comparative research method, the induction method, the charts analysis method, the documents analysis method are applied in this dissertation. It uses the comparative research method to compare the system background, the structure, the scale, the way of finance distribution, the effects and so on. Based on the comparison, the induction method is used to get the advantages and disadvantages of Chinese transfer payment system compared to Japan, get the problems and propose the countermeasures. The documents analysis method is applied to get useful materials and data while the charts analysis method to get the clear comparison.

The content and the conclusion of the research are as follows:

In the first chapter, the background and significance of this title are introduced. It also summarized the domestic researches and the foreign researches, introduce the structure, the research methods and the innovations and the shortages. Three targets are proposed in the third plenary session of 18th party congress. They are deepening the reform of fiscal system, reform of taxation, reform of budgetary system. Improvement of transfer payment system is an important part of reform of fiscal system. So the study of the transfer payment system is very essential right now. The present researches in the comparison of transfer payment system between China and Japan are very rare, so this dissertation has great significance and add the comparative researches.

In the second chapter, based on study of public finance theory, the theory of financial relation among governments, governmental function theory, financial distribution theory and comparative theory, this dissertation defines the relative concepts of the transfer payment system. Those theories are explained in detail and the relationships between the theories and the transfer payment system are analyzed.

In the third chapter, the comparison of political system and the fiscal system which are the background of the transfer payment system are analyzed. The political systems of these two countries are both unitary and they both have tax distribution system and concentrate the financial resources. The above is the reason why choose the Japan as the reference not the western countries.

The fourth chapter is the comparison of legislation. In this chapter, the legislative procedure, the relative law and the presence of legislation of transfer payment system are analyzed. Through the analysis, the legislative level is high, the legislation is powerful and the legal system is perfect in Japan. So, in China, the legal construction of transfer payment system is still needed to strengthen.

In the fifth chapter of comparison of system structure, firstly introduce the structure of transfer payment system of both countries and on the above base, the differences are obtained. Japan's transfer payment system is divided into three parts: "regional tax", "the treasury payment", "local transfer tax". The "regional tax" in Japan corresponds to the general transfer payment in China which has the greatest proportion. "the treasury payment" corresponds to the special transfer payment, which takes up lower proportion. "local transfer tax" corresponds to tax return, which accounts for the lowest proportion. In China, the transfer payment system is divided into four parts: the general transfer payment, the special transfer payment, the tax return and the system subsidy. The special transfer payment used to take the greatest proportion. In recent years, the situation changed and the proportion of general transfer payment has raised. The proportion of general transfer payment and the proportion of special transfer payment are nearly the same. Japan and China have the same defect which means the transfer payment system of both countries is mainly longitudinal, lack of horizontal transfer payment. However, Japan's "regional tax" helps balance of financial resources and equalization of public services. In China, the special transfer payment taking the largest part is not fine. The payment methods in Japan are different from the payment in China, which means the payment in Japan is tax expenditure and the payment in China is in money.

In the sixth chapter of comparison of money distribution, mainly introduce the comparison of unconditional transfer payments, conditional transfer payments and tax return. From the conclusion, both Japan and China use the "factor method" and "formula method" which are reasonable. But, it is different in the choice of weighting factors. In the money distribution of special transfer payments, these two countries both apply "project method" which is common defect. But when the Japanese government uses "project method", it also uses "formula method" as supplement. In China, the supplement is missed. In the money distribution of tax return, in Japan, it is "ratio method" while it is "base method" in China.

In the seventh chapter, it mainly compares the function of transfer payments which contains the purpose of macro - control, adjustment of financial resource distribution, promotion of equivalence of public services and coordination of regions. In the conclusion, Japan's transfer payments help promote adjustment of financial resource distribution, promotion of equivalence of public services and coordination of regions well while transfer payments in China helps achievement of government purpose well. China should pay attention to the other three functions.

In the eighth chapter, it is suggestion. Firstly, the legislation should be promoted; secondly, adjust the purpose of the transfer payment, put equivalence of public service in the first place; improve the structure of transfer payment system, clear up the special transfer payments, lower its proportion. Raise the proportion of general transfer payments and cancel tax return. Furtherly ameliorate the money distribution of transfer payment system, especially the special transfer payment, making it forward to "factor method" and "formula method".

Jing Wanbo

July 2015

目　录

1　绪论 ………………………………………………………… 1
1.1　选题背景与研究意义 ………………………………………… 1
1.1.1　选题背景 ………………………………………………… 1
1.1.2　研究意义 ………………………………………………… 4
1.2　文献综述 …………………………………………………… 6
1.2.1　国外转移支付的相关研究 ………………………………… 6
1.2.2　国内转移支付制度的相关研究 …………………………… 11
1.2.3　关于日本转移支付的研究 ………………………………… 27
1.3　研究方法与结构 …………………………………………… 29
1.3.1　研究方法 ………………………………………………… 29
1.3.2　结构及研究内容 ………………………………………… 30
1.4　创新与不足 ………………………………………………… 34
1.4.1　预期成果 ………………………………………………… 34
1.4.2　可能的创新 ……………………………………………… 35
1.4.3　不足之处 ………………………………………………… 36
1.5　小结 ………………………………………………………… 37

2 理论基础 …… 38
2.1 转移支付理论概述 …… 38
2.1.1 转移支付的概念界定 …… 39
2.1.2 转移支付的类型及其选择 …… 40
2.1.3 政府间转移支付的经济效应分析 …… 43
2.1.4 转移支付的目标 …… 48
2.1.5 转移支付资金分配方法 …… 56
2.1.6 转移支付的分配程序 …… 57
2.2 政府间转移支付相关理论 …… 58
2.2.1 公共财政理论 …… 58
2.2.2 财政分权理论 …… 61
2.2.3 政府间财政关系理论 …… 63
2.2.4 比较研究法和比较学相关理论 …… 66
2.3 小结 …… 66

3 中日转移支付实施背景比较 …… 68
3.1 日本转移支付的实施背景 …… 68
3.1.1 日本现行的国家结构形式 …… 68
3.1.2 日本现行财政体制 …… 70
3.1.3 日本政府间财政关系 …… 70
3.2 中国转移支付的实施背景 …… 81
3.2.1 中国的政治体制 …… 81
3.2.2 分税制财政体制 …… 81
3.2.3 中国政府间的财政关系 …… 82
3.3 中日转移支付的制度背景比较 …… 89
3.3.1 国家结构形式的比较 …… 89

3.3.2 财政体制的比较 …… 91
3.3.3 政府间事权划分原则的比较 …… 91
3.3.4 事权和支出责任划分法治程度的比较 …… 92
3.4 小结 …… 93

4 中日转移支付立法比较 …… 94
4.1 日本转移支付立法 …… 94
4.1.1 事权划分的相关立法 …… 94
4.1.2 转移支付法律体系 …… 97
4.2 中国转移支付立法 …… 98
4.2.1 事权划分相关法律法规 …… 98
4.2.2 转移支付法律法规体系 …… 101
4.3 中日转移支付立法比较 …… 105
4.3.1 立法权限比较 …… 105
4.3.2 立法位阶比较 …… 105
4.4 小结 …… 106

5 中日转移支付制度结构比较 …… 107
5.1 日本转移支付制度结构分析 …… 107
5.1.1 转移支付制度的变迁 …… 107
5.1.2 转移支付制度框架 …… 117
5.1.3 日本转移支付的结构 …… 119
5.2 中国转移支付制度结构分析 …… 126
5.2.1 我国政府间财政转移支付历史回顾 …… 126
5.2.2 转移支付制度框架 …… 132
5.2.3 转移支付结构及规模 …… 134

5.3 中日转移支付制度结构比较…………………………………… 137
5.3.1 转移支付制度框架比较…………………………………… 137
5.3.2 转移支付种类比较…………………………………… 138
5.3.3 转移支付结构比较…………………………………… 139
5.3.4 转移支付规模比较…………………………………… 140
5.4 小结…………………………………… 140

6 中日转移支付资金分配比较 …………………………………… 142
6.1 日本转移支付资金分配…………………………………… 142
6.1.1 普通交付税的分配…………………………………… 143
6.1.2 国库支出金的分配…………………………………… 147
6.1.3 地方让与税的分配…………………………………… 149
6.1.4 转移支付资金拨付程序…………………………………… 149
6.2 中国转移支付资金的分配…………………………………… 151
6.2.1 一般性转移支付的分配…………………………………… 151
6.2.2 专项转移支付的分配…………………………………… 153
6.2.3 税收返还…………………………………… 154
6.3 中日转移支付资金分配比较…………………………………… 155
6.3.1 无条件转移支付资金分配比较…………………………………… 155
6.3.2 有条件转移支付分配比较…………………………………… 157
6.3.3 地方让与税和税收返还的比较…………………………………… 158
6.4 小结…………………………………… 158

7 中日转移支付功效比较 …………………………………… 160
7.1 日本转移支付功效分析…………………………………… 160
7.1.1 解决财政纵向不均衡…………………………………… 160

7.1.2　解决财政横向不均衡…………………………………………………… 162
7.1.3　实现中央特定政策目标……………………………………………… 164
7.2　中国转移支付功效分析……………………………………………… 168
7.2.1　区域间经济发展差距逐渐缩小……………………………………… 168
7.2.2　均衡地区间财力效果逐渐加大……………………………………… 169
7.2.3　城乡统筹发展持续推进……………………………………………… 170
7.3　中日转移支付功效比较……………………………………………… 171
7.3.1　无条件转移支付（一般性转移支付）的功效比较 ………………… 171
7.3.2　有条件转移支付（专项转移支付）的功效比较 …………………… 173
7.3.3　税收返还效能的比较………………………………………………… 174
7.4　小结…………………………………………………………………… 174

8　完善我国转移支付制度的意见建议 ……………………………………… 176
8.1　我国转移支付制度存在的问题……………………………………… 176
8.1.1　转移支付制度立法滞后……………………………………………… 176
8.1.2　转移支付结构欠优化………………………………………………… 177
8.1.3　转移支付制度设计不完善…………………………………………… 178
8.1.4　转移支付资金分配需进一步改进…………………………………… 179
8.1.5　转移支付目标定位需要调整………………………………………… 180
8.2　完善我国转移支付制度的基本思路………………………………… 181
8.2.1　贯彻党的十八届三中全会的改革精神……………………………… 181
8.2.2　吸取日本转移支付的经验和优点…………………………………… 182
8.2.3　转移支付制度改革以结构调整为主………………………………… 182
8.2.4　制度性改革与环境性改革相结合…………………………………… 183
8.3　完善我国转移支付制度的建议……………………………………… 184
8.3.1　加快转移支付法治建设……………………………………………… 184

8.3.2　健全我国转移支付的总体框架…………………………………… 185
8.3.3　优化我国转移支付的结构体系…………………………………… 187
8.3.4　改进转移支付资金分配方式……………………………………… 188
8.3.5　加强转移支付资金绩效评价……………………………………… 189
8.3.6　完善配套改革措施………………………………………………… 190
8.4　小结……………………………………………………………………… 192

参考文献 ………………………………………………………………………… 194

1 绪论

1.1 选题背景与研究意义

1.1.1 选题背景

协调平衡各级政府之间的财政分配关系是政府间财政关系的核心问题。从各国财政实践来看，不论哪一级地方政府，仅靠地方本级财政收入一般很难实现事权与财力的匹配，即很少可以完全依靠自身财政收入来满足支出需求，所以各国普遍实行转移支付制度。

1. 地方财力的不均衡影响了公共服务均等化

我国分税制尚不完善，地方税制改革严重滞后，地方财力不足。到目前为止我国地方税体系尚不健全，地方政府稳定的主体税种的缺失导致经常性“收不抵支”，只能越来越依赖于中央政府的转移支付资金。收入划分的不合理致使地方税收收入尚不能满足其财政支出，地方财政收支矛盾日益突出。在发达地区和欠发达地区地方税的主体税源体系不健全，履行事权所需的财权得不到保障的情况下，中央对地方的转移支付就显得十分有必要。通过完善转移支付，有利于促进事权和支出责任匹配，使所有地方政府具备提供均等化的公共服务的能力。1994 年分税制改革之前，地方财政收入比重远远高于中央财政收入所占比重，长期保持在 60% ~80% 。

在财政支出上也是如此，因此中央和地方各自的财政收支基本是平衡的。分税制改革提高了中央财政收入占全国财政收入的比重，但却没有改变财政支出责任的配置关系，导致地方财政收入远远无法满足其财政支出的需求。2013 年地方公共财政支出决算数达到 119740.34 亿元，而地方本级收入决算数仅为 69011.16 亿元，地方财政自给系数仅为 0.58，这表明将近一半的地方公共财政支出需依赖中央对地方的转移支付。一方面地方财力不足影响地方提供公共服务的水平和质量，因此需要中央调控，通过中央对地方转移支付提高地方政府提供公共产品及服务的能力与水平，消除纵向不平衡。另一方面，地方政府间财力存在差异，需要通过转移支付消除横向不平衡，实现公共服务均等化。

2. 转移支付运行至今其本身结构存在的问题产生了一系列负面影响

我国现行的转移支付框架主要包括一般性转移支付、专项转移以及税收返还（税收返还严格意义上不算）。从规模来看，转移支付总量过大；从内部结构来看，一般性转移支付的主体地位仍不够突出，专项转移支付项目种类多、比重高。专项转移支付设计的初衷是好的，旨在地方政府办理中央政府委托的事务时，缺口资金由中央转移支付来弥补，但目前专项转移支付一方面因项目分散，“撒胡椒面”式的补助方式造成资金使用效率低下，另一方面，一些地方财政部门不惜耗费大量人力、物力、财力成本争取专项项目资金，助长了“跑部钱进”的不正之风。大部分争取到的专项转移支付都需要地方提供配套资金，一些财政困难的地方本来财力就不足，为了争取专项资金不得已甚至通过银行贷款等高成本方式解决配套资金问题，或者是干脆因无法承担配套资金而无法申请专项转移支付资金，更加加剧了地区间的不公平。另外，因为专项转移支付审批权分散在多个部委，各个部门为了自己的部门利益都不愿意放弃权力，因此改革的阻力较大。2013 年国务院提出要从省级以下开始清理和合并一批专项转移支付项目，但因未涉及中央各部门，导致地方积极性不高，各级地方政府多持观望态度，因而进展不大。

3. 相对健全的日本转移支付制度具有一定的借鉴意义

国内对于转移支付的研究一般都是立足于中国现实，对国外制度概况介绍的多而进行系统研究的少。“他山之石，可以攻玉”，中国要进一步完善转移支付制度需吸取国外的经验教训。通过比较研究可以找出异同，得出一定的启示并总结出一定的可借鉴之处。在改革的分岔口，我们往往喜欢观察国外转移支付制度的过去、现在与未来，试图从他国实践中找到我们自己的出路。而在借鉴时又往往容易陷入一个为借鉴而借鉴的误区，那就是只盯住美国、欧盟等发达经济体国家或地区的做法，比如国内已有不少文献介绍美国、澳大利亚、德国等发达国家的转移支付制度并初步得出了一些经验启示，但往往忽视了这些经验在我国的实用性、可行性。由于国情政体的不同致使同样的做法搬到中国未必行得通。即财政改革借鉴国外的经验必须做到有针对性，不能盲目地借鉴。再比如财政体制，西方的历代分权理论都是在美国的财政实践中得出的总结，是在美国这种市场经济体制相对完善的国家当中提出来的，是在行政分权体制下解决市场失灵的问题，而有些条件中国目前还不具备，能不能直接拿过来套在中国的财政体制设计上还是个疑问，用不好有可能会导致“水土不服”。因此考虑再三，本书最终选取了已有六十年转移支付运行历史的日本的转移支付制度作为研究对象，通过研究分析日本转移支付制度的背景、概况、现状、演变及改革方向，在系统比较中日转移支付的异同后对我国未来转移支付制度的改革与完善提出意见建议。概括来讲，选择同样是发达经济体的日本转移支付制度为研究对象而不是美国、德国等发达国家的原因有五方面：第一，同为单一制国家；第二，财政体制都实行中央集权与分权相结合的分税制；第三，日本转移支付制度有六十年的历史，比较先进；第四，现行制度设计有不少相似之处；第五，均以纵向转移支付为主。

中日转移支付比较研究的落脚点最终要落到中国转移支付制度的完善

上。在系统研究日本转移支付过程中，注意了解其和中国转移支付的制度背景、立法体系、制度结构、资金分配、功能效果等方面的异同，借鉴其有益之处为我国所用。

1.1.2 研究意义

1. 研究日本转移支付有利于国内转移支付制度的改革和完善

日本和中国在地缘上同处东亚，是一衣带水的邻邦，虽然在历史遗留问题上有分歧，但总的来说，同属汉字圈，经济、贸易往来频繁。日本在第二次大战后经历了战后国民经济恢复期，以朝鲜战争带来的“战争特需”为契机，经济迅速发展，曾经一跃成为世界第二大经济体。一方面，尽管中日转移支付形式不尽相同，但实际的目标都是为了实现一国内不同层级政府间财政收支的纵向均衡或同一层级政府间的横向财政均衡，保持地区间政府提供公共服务水平的均一性，即转移支付基本目标是一致的，而且中日两国都以注重纠正财政纵向不均衡为主要目标。另一方面，由于一个国家的转移支付立法采取的形式由本国的具体发展阶段和经济实力等要素决定，因此两国都有各自的特点。从日本转移支付制度的发展情况及特点来看，尽管和我国转移支付存在一定差异，但同时也存在不少共性，借鉴日本的转移支付的经验，总结其教训，对于今后中国转移支付制度的改革和完善有重要借鉴意义。

从两国财政体制运行效果来看，中国的财政体制在实际运行中出现了一些问题，特别是地方财政困难与转移支付制度不完善有很大关系。日本的转移支付制度已有六十年不断改革和完善的历史，而中国的转移支付制度实施的时间短，需要完善的地方还很多。我们应当立足于中国国情，通过对日本转移支付教训的总结和经验的借鉴，为完善我国转移支付体系，化解地方财政困境提供思路。另外，还需深入研究如何合理划分中央政府和地方政府的事权和支出责任，如何促进财税体制改革等。只有进行多方面的配套改革，才能在中国更好地发挥转移支付制度的作用。

2. 完善转移支付制度是提升国家治理能力的迫切需要

十八届三中全会将全面深化改革的总目标聚焦于“国家治理”。财政改革也与此相适应，财政的职能有了新的定位，即“国家治理的基础和重要支柱”。这突破了传统经济学思维，是新的历史条件下对财政的一种新认识。财政的职能作用不仅体现在经济层面，还反映在社会、政治等各个层面，要把效率和公平统一起来，使二者有效结合，在促进社会公平方面发挥职能作用。对财政职能作用的重新认识和定位为财政改革提供了新的理论支撑。十八届三中全会的决议强调财政改革要“发挥中央与地方两个积极性”，国家治理也涵盖了中央层面和地方层面的两级构架，中央层面的一个重要内容即中央与地方的关系，地方层面的重要内容是省以下政府之间的财政关系。不论哪一个层面都要遵循统一的规则，依然要坚持和完善分税制，在中央统一领导下，发挥地方积极性。地方积极性的发挥除了要靠理顺中央和地方财政关系，“在明晰政府间事权划分的基础上，界定各级政府间的支出责任，明确划分政府间收入，还要通过转移支付等手段调节上下级政府、不同地区之间的财力分配，补足地方政府履行事权存在的财力缺口，实现事权和支出责任相适应”①。转移支付作为财政体制改革的重要组成部分，在本质上同政府关系密切，要最有效率地实现均等化转移支付的目标，就必须建立一套行之有效的能使该目标自我执行的体制机制。当前转移支付运行中出现的问题对国家治理能力带来了消极影响，影响了全国公共服务均等化的实现，因此包括优化财政支出结构，提高财政资金使用效益，加强转移支付法制建设，完善资金分配等在内的一系列的转移支付改革和完善措施显得尤为重要。

---

① “发挥财政在国家治理中的重要作用——财政部部长楼继伟就深化财税体制改革答记者问”，《中国财经报》，2013 年 11 月 23 日。

3. 在转移支付国别比较研究领域中具有重要意义

研究他国的转移支付体系是一项较具挑战性的工作。原因是一方面转移支付制度本身比较复杂，这要求研究者首先必须具备相应的财政学、经济学、政治学、公共管理学等多学科知识，同时，跨国研究在资料、信息的获取、筛选上有一定的难度，需要有较强的领悟力和判断力。笔者通过查阅大量资料文献，发现国内一般的关于转移支付的研究都只是立足于本国，对国外研究的较少，即使有也只是从宏观层面上作简单的描述和分析，往往只是蜻蜓点水般提炼新的理念、实践模式或理论范式，没有系统全面地梳理、剖析国外相关制度。然而，只有通过深入地系统研究，才能真正理解其制度。总体而言，关于转移支付国别比较的文献相对较少，且现有文献中理论研究仍显不足。在为数不多的转移支付国别比较文献中关于中日转移支付比较研究的文献则更少，现有文献基本上仅限于制度概况的介绍，停留在对现象的直观描述而缺乏对材料的分析、提炼和总结，建立在理论框架基础上的中日转移支付比较研究更是难觅其踪。因此，本书的研究在一定程度上能够弥补转移支付国别比较研究的不足。

1.2 文献综述①

关于转移支付，国内外学者已有不少先行研究，形成诸多研究成果。本书在研究之前首先对以往研究做基本的梳理和概述。

1.2.1 国外转移支付的相关研究

世界各国均存在大规模的政府间转移支付（Intergovernmental Fiscal

---

① 相关论述，根据需要参照了李齐云（2003）、闫威（2004）、江克中（2005）、文政（2008）、刘金涛（2007）、汪浩吉（2011）、史桂芬（2009）、张辉（2005）、贾康（2006）、王军（2006）、黄钰（2009）、黄健雄（2007）等人的著作。

Transfer）支出。我国自1994年实施分税制财政体制改革以来，转移支付制度逐步采用国家通用规则，但也经历了复杂的轨道修正的过程。如何建立完善的转移支付制度已经成为世界性课题。目前不少研究主要将视角集中于转移支付公式的改革，但是围绕转移支付公式的改革方法的研究效果未必是理想的。究其原因，传统理论假定政府官员充足的动力去提供公共产品、维持市场秩序，追求最良好的社会效果巴德汉（Bardhan，2002）。而事实上，政府是由利己主义者构成，因此政府也追求自身利益的最大化。转移支付指的就是在不同层级政府间为了争夺更多的财权而进行的一种博弈，博弈的结果由各级政府力量的强弱来决定。不同层级政府的行为模式均是在限定条件下争取自身利益的最大化钱和温格斯特（Qian and Weingast，1997）。因此，根据各级政府的交涉能力便能决定一个国家转移支付的功能目标及效果。巴德汉（Bardhan，2002）指出，发展中国家和发达国家的制度背景不同，政府间财政关系传统理论放在发展中国家未必适用，因此，在考察转移支付制度时，必须结合制度背景去考察政府间财政关系。这应该算是研究转移支付制度的一个视角。

各国政府为了提高经济效益，纷纷采用同一个重要措施，即分权化（Decentralization）。一般来说，分权意味着转移支付的规模趋小化。总体来讲，中央政府将权力下放地方政府符合国际大趋势（Dabla－Norris and Wade 2002）。哈耶克（Hayek，1945）、蒂布特（Tiebout，1956）、马斯格雷夫（Musgrave，1959）及奥茨（ Oates，1972）分别从通过“知识在社会中的应用”、地区竞争、税收和支出在不同层级政府间分配的方式影响福利的角度提出了分权理论。具体来说，分权具有以下好处：一是分权促进地区间竞争，提高经济效益。二是当地政府最了解本地居民对公共服务的需求，由地方政府提供公共服务能够提高效率，进而提高资源配置效率。三是当地政府熟知当地经济，了解能从哪些方面增税。另外，如果收入由当地政府支配，那么当地政府也更有动力去想办法增加收入。四是如果辅助性的原则被广泛接受，地方事务就能够由地方自治处理。财政分权程度的提高是决定民主化方案的重要手段，能够提高政府行为的透明度。五是在一部分国家，分权自治是解决民族冲突与地区冲突的重要手段。因此，许多转型国家都由过去的集权向分权转换。

关于转移支付制度有否有效的问题，美国经济学家奥茨的财政分权理论就分析了转移支付存在的必要性。奥茨（2005，2006）总结了世界范围内财政转移支付（特别是均等化转移支付）的主要做法，并从制度经济学视角对均等化转移支付的制度安排进行了分析和评价，认为发展中国家因缺乏明确的均衡标准而容易导致“转移支付依赖症”。而 D. N. King（1984）则认为转移支付其实就是税收削减，即“如果一个社区政府的支出模式真实反映该社区大多数人的偏好，则一笔给予该社区政府的无条件拨款，与一笔等额的对该政府辖区居民的税收减少具有相同的效应。尽管在分配上两者可能有细微的差别，但两者对受补政府的支出影响应该是相同的，即无条件拨款应该是税收削减的面纱”。鲍德威（Boadway）和福兰特斯（Flatters，2003）则认为，财政均等化的主要目标是为了消除不同地区间的财政收入净值差距，而不是减少区域内或者区域间个人收入的差距。从这种意义上来说，转移支付的目标是横向公平胜于纵向公平，并且不管社会对纵向公平财政收入分配的态度如何，横向财政转移支付应该继续。确实，消除净财政收入的目标不仅仅是横向公平的问题，也是分配效率的问题，因为净财政收入的地区差异会导致地区各种生产资源的分配不当。财政补助体制对地方政府增加自身收入方面有负面的激励作用。这种影响在收入分摊的体制中很明显，诸如在德国，俄罗斯以及其他国家。在这些国家，一定份额的地方税收会在各级政府间重新分配。在这种体制下，地方政府仅仅得到一部分收入（这部分收入是通过它们自己的权限征收的），而余下的部分通常平均分配到其他层级政府。新兴的实证研究分析了能力均等化对增加税收的影响。利希特布劳（Lichtblau，2002）等认为，如果转移支付减少时税收反而增加，这会给转移支付的接收方带来负向激励，因为它会使州政府通过减少联邦政府税收法律的实施来避免这种惩罚，而这会再次减弱联邦政府通过转移支付来解决辖区间竞争带来的外部影响的能力。

也有学者认为转移支付的效率并非那么有效，例如，利西特布劳（Lichtblau，2002）等研究得出转移支付的效率具有非显著性，他们测量了德国联邦政府提供均等化转移支付的效应（非显著），以及一项隐性税收对州政府的收入产生的伴随效应（数字显著）。隐性税收对州政府收入产生的效应表明，均等化转移支付在富裕与贫困的辖区间会带来明显的替代效应。安德鲁（Andrew）和布赖恩（Brian，2000）对澳大利亚地方政府基金系统有效性进行分析，并且验证了政府间的转移支付对地方基本公共服务水平产生的影响。而他俩提出的方案则表明，对一系列转移支付规定的承诺，可能还不如无承诺时和预算软约束时产生的结果。大量的实证研究表明政府间转移支付不是按比例分配到公共服务，而是分配到那些名义上指定的公共服务项目上。这些称为“粘蝇纸效应”——钱一碰到就被粘住了。海森德·泰勒（Hinesand. Thaler，1995）调查了 10 项美国补助，估计平均 1 美元的补助会引起 0.64 美元公共支出的增加。波德（Bird）和斯马特（Smart，2003）指出，人们更关注花费掉他们必须去赚的钱。当地方政府花掉当地居民认为是别人的钱时，居民不会对政治家有效利用资金而施加压力。他们误以为补助金是免费的午餐，虽然他们也要交税。事实上，政府间转移支付的实证研究揭示出，一次性支付的补助金导致地方开支大幅增长与个人收入增长不成比例。菲利蒙（Filimon），罗默（Romer）和罗森塔尔（Rosenthal）（1982）认为，产生“粘蝇纸效应”是由于投票人不知情以及地方官员最大化其预算。海因斯（Hines）和塞勒（Thalr，1995）指出，“粘蝇纸效应”可能是由非理性行为，或选民风险厌恶或不认为专款是可替代的认知所造成。罗默（Roemer）和西尔维斯特（Silvestre，2002）注意到，在更为复杂和仿真的政治经济模型（如政治竞争）中，“粘蝇纸效应”的异常现象会消失。

还有些学者直接认为转移支付没有效率，如温特（Winter，1983）就认为转移支付没有效率，即“预算软约束问题的一个很严重的后果是无效率的高支出、高借债水平或者二者兼而有之。通过实证研究发现，地方政府对转移支付的依赖性与政府规模存在正相关关系”。同样，鲍德威（Boadway，2006）也得出转移支付的有效性是有条件的，他认为，即使存在内在的成本劣势，比如城市和农村之间的成本差距，更加均等化的转移支付带来的公平优势必须与效率损失相权衡。如果在农村地区提供公用服务的成本比在城市地区高出很多，那么这样均等性转移支付对于解决成本差异所发挥的作用是无效率的。政府应该把所有地区提供公共服务的成本进行分级，并采取措施在地区之间进行均衡。均等性转移支付应仅仅抵消一部分内在缺陷，而不必理会其成本差异有多大。桑吉内蒂（Sanguinetti）和托马斯（Tommasi，2004）建立了一个模型，假设地区收入容易受到不对称冲击，由于转移支付是根据地方政府的支出和借债决定来作出的，承诺一个确定的转移支付计划将消除预算软约束条件下的转移支付的效率问题。但是，承诺需要能应付地区收入冲击的斟酌能力。

关于转移支付如何做到有效，罗登（Rodden，2001）则认为，地方政府的支出、借债和税收决策是执行转移支付的基础，建立在斟酌基础上的政府间转移支付可能加剧预算软约束问题，促使地方政府更倾向于请求中央政府运用斟酌的权力来帮助其解决问题。为了解决这个问题，转移支付的分配必须建立在公正透明的基础上。马勒（Myle，2004）等人也提出了一种转移支付制度，在这种制度下，所有政府平均分享部分地方财政。其最显著的结果是使用一个均等化公式实现了不同环境下最优资源的分散，而不论区域能力灵活性的程度、税收能力的差异以及不同地区的人口。这种均等化的好处是其公式较简单，尤其是当不同区域的差异较大且变化较大时。实践证明，这种均等化计算的结果较准确。有关学者认为，在加拿大，各省对市级政府的一般性转移支付采用了简单的支出需求衡量方法，包括人口规模、人口密度、人口增长因素、公路的总里程、居住区的数量、地点因素（如在北方还是南方）、城乡因素（城市人口和城市/乡村人口的分类）以及社会性转移支付等。他们还认为，除了概念上的问题，澳大利亚的体系也伴随着衡量方面的问题。各种支出类别的支出需求的自变量，是根据大致的判断取得的。在这一过程中，应用了一些武断性的程序来对各因素赋予权重，并且将各种因素归入公式中。由各种因素导致的州政府财政困境是很复杂的。对于那些高度相关的因素来说，通过重复计算和乘方，人为地夸大了这种财政困境。澳大利亚的经验集中显示了实施财政需求补偿（作为广泛的财政均等化方法的一部分）时出现的实践困难。波德（Bird）和斯马特（Smart，2002）认为，均等化转移支付体系的设计应该把各地区税收能力、需求和成本区别开来。这三种差异的均等化设计对地方政府的财政动机有很大的影响。总体来说，集中税收或者是依赖于税收征收的均等化体系加剧了“公共池”问题，并且降低了地方政府提高税收的积极性。为了使均等化体系的副作用降到最低，均等化体系的标准应该取决于地方政府难以操纵的参数。

1.2.2 国内转移支付制度的相关研究

由于我国财政转移支付制度在1994年分税制改革后才正式建立起来，因此国内关于财政转移支付制度的研究相比于西方发达国家而言起步较晚。根据不同学派研究的侧重点不同将我国的转移支付研究内容归纳如下：

1. 转移支付制度国际经验的介绍和借鉴

近二十年来，对这方面进行介绍、比较的学者及作品很多。谢旭人（1994）对澳大利亚财政转移支付制度进行了介绍与评价，并针对中国国情，主张中国的中央财政应该在财政分配中占据主要地位，财政转移支付应在缩小地区差距时重点解决各地最基本的社会服务问题。上海市财政局赴英国、巴西考察团（1995）在考察报告中对英国、巴西的分税制与政府间转移支付制度进行了详细介绍。李玉兰、亦冬（1995）则简单介绍了美国、韩国、加拿大和印度等国的转移支付制度。李荣忠（1996）从中央与地方关系的财政基础这个视角分析了美国政府间转移支付制度。马骏（1997）在比较了各国转移支付模式的特点及其对数据的要求，通过建立简单模型，模拟公式化转移支付在中国的具体运用。张通、许宏才、张宏安（1997）对德国政府间财政转移支付制度进行了较详细的介绍。崔维（1997）、张翠华（1997）对包括美、英、法、德、日在内的西方发达国家的分税制及转移支付制度等情况进行了比较研究。钟晓敏（1998）对西方主要国家政府间财政转移支付进行了制度比较和具体拨款模式分析。庞海军（2000）介绍了德、日等国家的财政转移支付制度，提出了适应公共财政，进一步完善我国当前转移支付制度的若干设想。杨之刚（2002）对加拿大政府间转移支付进行了简介和评价。刘泽云（2003）对美、日、德、法、英等西方发达国家的义务教育财政转移支付制度进行了比较研究。

2. 转移支付的功能和目标的研究

朱玲（1997）认为，财政转移支付在我国所能够发挥的最基本的功能有两个目标。一是保障各地以及各级政府至少提供最低标准的公共服务；二是保障最低收入人群最基本的生存需求得以满足。实现以上两个目标，仅仅有可能缩小地区间在公共服务供给和个人收入水平方面的差距，而难以直接惠及“地区差距”这一概念所包含的其他内容。她认为，尽管财政转移支付具有缩小地区差别的作用，但这种作用只是局部的、间接的，因而也是有限的。胡鞍钢，等（1995）认为财政转移支付在保证基本公共服务均等化的同时，从各地区差距的现实考虑，还要加大对贫困地区的扶持力度。

刘尚希（2003）认为，现阶段我国财政转移支付制度的目标不应该设定多个目标，应实行单一目标，即实现各地公共服务的大致均等，至于缩小地区间发展差距，是政府其他政策应实现的目标，不应作为财政转移支付制度的目标来考虑。朱之鑫（2006）认为，缩小地区差距的内涵不是指经济总量上的差距，重要的是要缩小各地区间在公共服务和生活水平方面的差距。另外一些学者的观点比较折中，陈秀山，等（2004）认为，我国财政转移支付所追求的目标应该是区域间财政能力或公共服务水平均等化，但在实施过程中，不同阶段、不同时期对不同项目应分别制定不同的标准。刘尚希、李敏（2006）认为政府间转移支付的基本目标是避免社会利益严重失衡，引导社会利益结构趋向某种均衡状态，以避免社会成员之间的利益严重失衡而导致公共风险加大，防范公共危机，并解释了转移支付的均等化目标、国家控制力及辖区外溢性等问题，并据此提出应该对转移支付进行重新分类

苏明（2001，2008）等学者基于对政府间财政关系的研究，强调了财政转移支付在均衡地区间财力方面的所发挥的重要作用。马海涛（2004）基于公平与效率之间的关系，把政府间转移支付的目标分成三个层次：直接目标是实现各地区之间、各级政府之间财政支出能力和公共服务水平的均等化；基本目标是为了实现各地区之间经济相对均衡发展，使落后地区有能力为辖区内居民提供与其他地区一致的基本公共服务；终极目标是要实现包括个人公平和地区公平两个层面在内的社会公平。曹俊文、罗文清（2006）详细分析了政府间转移支付与地区间公共服务差距的影响，认为虽然转移支付制度在政策制定和实际运行环节还不是特别完善，但总的来说仍然实现了既定的目标，并起到了积极的作用。胡义芳、熊波（2008）认为，有效的转移支付制度应以公平与效率的均衡为目标，在实现地区财政均衡的同时，推动形成激励财政体系，促进地区公共服务均等化。王雍君（2006）认为，目前我国转移支付“控制导向”压倒“均等导向”目

标，若推进财政均等目标，则需要以财政能力和支出需求进行切实计量，对目前的转移支付体制做出重大的结构性改革，才能构建出一个更具有再次分配功能的转移支付体制。

3. 转移支付方式的研究

谷成（2009）认为，在财政分权的条件下，通过制定以支出需求为基础的最低标准的转移支付，使地区公共服务的财政需求得到客观补偿。孙开（2009）在分析我国财政转移支付制度的现状基础上，认为我国财政转移支付方式繁杂重叠，应结合财政转移支付的短期目标和长期目标对财政转移支付方式进行整合，注重从规范化、提供绩效和强化监管等方面入手，逐步优化转移支付方式。刘尚希、李敏（2006）根据财政转移支付目的和功能不同，将转移支付划分为：以均等化为目标的转移支付、解决辖区间外溢性问题的转移支付、中央委托地方事务引致的转移支付和以增强国家政治控制力为目标的转移支付。

4. 转移支付本身性质及具体模式的研究

李杰刚（1995）对政府间转移支付的基本理论与框架进行了归纳总结。高美祥（1996）对财政转移支付的基本前提条件进行了分析，认为转变政府职能，划分中央政府与地方政府的事权与财权，是建立规范化转移支付制度的制度前提。用因素法取代基数法是规范转移支付制度的关键。孙开（1996）对政府间转移支付中的因素法问题进行了详细的分析。童立本（1996）从政府间经济职能及其主次性调整入手，对我国现阶段实施财政转移支付制度可能面临的问题进行了分析，认为在我国经济体制转轨和财政体制改革的现阶段，确定政府间转移支付规模的困难主要来自两方面：一是转移支付的规模刚性，即转移支付的补贴总规模具有能增不能减的运行特征；二是体制改革的衔接过程中所客观存在的制度性制约。蒙丽珍（1997）中国转移支付目标模式的设计进行了研究。认为转移支付的终极目标是实现社会公平，直接目标是财政能力均等化。并对财政能力的均等化目标进行了细化分析。朱玲（1997）对我国政府间转移支付的效率与公平进行了研究。认为目前的政府间财政转移支付既少效率又达不到公平，为了维持正常的经济秩序，进一步完善分税制和规范转移支付制度刻不容缓。她还具体分析了转移支付中的“渗漏”是如何使其公平功能失效的。朱玲强调，评价转移支付的结果不仅需要注意地方政府的人均财政收支指标，而且还必须观察其公共服务供给水平的变化。地区间人均财政支出差距的缩小并不必然意味着公共服务供给方面的差距缩小。钟晓敏（1997）认为，根据我国的情况，在财政转移支付的模式选择上应采用纵向转移模式，在拨款的结构上应体现以均等化拨款和收入分享拨款为主，以税收分享和专项拨款为辅的拨款结构。并提出了一个以均等化各地财政地位为主、兼顾财政纵向平衡的无条件拨款模式。张守凯（1999）对政府间转移支付方式的比较及选择进行了理论分析。他强调，选择何种转移支付方式，在很大程度上决定着一个国家转移支付制度的效率与公平。我国目前的政府间转移支付制度尚不够科学与规范，突出的问题是转移支付的方式单一，渠道狭窄；转移支付制度的透明度低，效率不高。应借鉴市场经济发达国家的成功经验与作法，逐年缩减税收返还的规模，加大规范性转移支付的数量，实行纵向转移支付为主、横向转移支付为辅，纵横交叉的转移支付方式，提高转移支付制度的公平与效率。薛黎明、王宁（2002）对两类地方政府争取中央财政转移支付的博弈状况进行了经济分析，说明中央应该把地方政府的收入努力程度作为衡量转移支付量的重要依据，这样才能使地方努力增加财政收入，使中央有限的转移支付量在地方政府之间分配得更加有效率、公平。朱汉清（2002）对政府转移支付的目标选择（均等化目标与效率目标）进行了理论分析。他把财政转移支付的“效率”定义为：通过政府转移支付，以最有效地使用财政资金，达到社会稳定、人民福利改善的目的。另外，他还对效率目标下的财政拨款模型进行了分析。

5. 转移支付效果的研究

曹俊文、罗良清通过对1996—2003年的数据分析认为，现行的转移支付制度对均衡地区间的财力水平差异起到了一定的作用，但不均衡的局面未被完全打破。我国现行的转移支付制度运行的结果是，全国各地区的转移支付效果系数呈下降趋势，这在一定程度反映了现行转移支付制度的确起到了实现各地区财政均等化的作用。贾俊雪、郭庆旺、高立（2009）利用空间面板数据模型全面考察了我国1995—2008年中央财政转移支付及其构成对地方政府财政支出的影响，指出我国转移支付对省级地方政府竞争性支出行为总体上有显著影响，其中税收返还与财力性和专项转移支付的激励效果存在明显差异。袭锋、卢洪友（2010）从机会平等导向的角度出发，通过实证分析中国2000—2006年地级市的数据，其结果显示：现有的转移支付有效降低了地方自有财政收入的机会不平等程度，并对实现最优机会平等目标的转移支付配置方案进行测算。付文林（2010）在地方政府内生化财政选择背景下考察了均等化转移支付制度对地方财政行为的激励效应，研究发现：转移支付总体上对提高落后地区人均财力有积极作用，但也在一定程度上降低了地方的征税积极性，而且加大了地方财政行政支出的规模。钟正生、宋旺（2008）通过研究指出，对外开发水平、工业化水平、医疗卫生服务水平、民族因素和预算外和非预算资金的规模都影响中央政府对地方政府总量转移支付数量。目前转移支付并未起到促进地区经济收敛的作用，均等化效应缺失。乔宝云、范剑勇、彭骥鸣（2006）通过构建转移支付与地方财政努力的模型，研究发现税收返还和总量转移支付为主要内容的现行转移支付制度抑制了地方财政的努力程度。

6. 转移支付制度构建的研究

由于我国正处在财政体制的转型期，现行的财政转移支付制度具有很大的不规范性，所以，从1994年分税制改革以来，对建立、健全我国转移支付制度的研究一直是学术界关注的重点与热点。其中，寇铁军（1994）、齐守印（1994）、孙开（1994）、尤象都（1995）、楼继伟和李克平（1995）、随新玉（1995）、杨秀昌（1995）、项中新（1996）、梁朋（1996）、何国长（1996）、阎学英（1997）、劳秦汉（1998）、郝春和（1997）、赵守国（1998）、刘或（2000）、邓万全、凡雨（2000）、高奎明、逄艳红（2001）、王恩奉（2001）、张明（2001）、许建国和李波（2002）等学者较早对我国建立、健全和规范政府间财政资金转移支付制度提出了若干具体建议和设想。他们都主张应该规范现行的转移支付制度，具体措施包括用因素法代替基数法作为转移支付的科学依据，合理划分各级政府的财权与事权，完善专项转移支付制度等。刘溶沧（1996）从必要性与紧迫性、基本原则、模式选择和过渡性措施等方面对重建我国政府间则政转移支付制度给出了建议。朱玲（1997）对当时的政府间转移支付进行分析发现其既缺乏效率也不能实现公平，因此需要尽快完善分税制和规范转移支付制度。钟晓敏（1997）从市场经济的一般原则出发，并充分考虑了当时中国的经济特点，提出一个以均等化各地财政地位为主，兼顾则政纵向平衡的无条件拨款模式。马骏（1997）通过研究相关的统计数据，认为中国现行的财政转移支付体制几乎没有体现地区间再分配的功能。他在比较各国转移支付体制的基础上，讨论了各种转移支付模式的特点和对数据的要求，并以中国的数据为基础建立一个示范性的均等化转移支付模型，试图说明如何用不多的变量对地区财政能力和支出需求进行测量，并以此估算中央向地方的均等化转移支付额。同时他还强调，将现行体制在短期内改造成完全均等化的体制是几乎不可能的。比较现实的方法是，在一个较长的阶段内逐步增加以均等化公式分配的转移支付在全部转移支付中的份额，以此减小改革在政治上的阻力。葛筑英（1998）就《过渡期转移支付办法》（以下简称《办法》）的实施情况提出了一些看法。他认为《办法》是一个渐进的、温和的改革方案。它最大的特点是成功开了运用“因素法”确定转移支付补助额的先河。它最大的遗憾就是没有触动包干制下形成的地方既得利益，使得中央宏观调控乏力，无力均衡地方政府公共服务能力差异。王卫星、许宏才、张志华、王任飞（1999）对1994年分税制实施多年来我国政府间财政转移支付的成效及问题进行了详细分析，并提出了相应的改革思路。这些改革设想包括逐步将现行的多种转移支付形式归并为均等化和专项转移支付两大类；逐步加大过渡期财政转移支付的力度，力争早日实行均等化、规范化的财政转移支付制度；以服务政府特定政策目标为宗旨，建立并完善专项转移支付制度；规范转移支付的分配方法有推动省以下规范化财政转移支付制、建立财政转移支付评价、监督和考核机制等六个方面。

王铮和葛昭攀（2002）根据新增长理论研究了20世纪90年代中国经济增长的动态特征，分析发现：中国东中西部经济增长分别向不同的均衡点收敛，当时已经出现国家整体上开始转向经济收敛、同步发展的关键时期，但是否能够真正向同一个均衡点收敛，国家的区域投资政策将起着关键作用。王雍君、李民谷（2002）认为，现阶段中国的政府间转移支付体系应清楚地定位其政策目标，并归结为弥补纵向及横向缺口、矫正外溢、经济稳定和增强国家凝聚力，并在此基础上致力于建立一个以标准化公式为基础的、均等化拨款和专项拨款并重的转移支付体系。周业安和赵坚毅（2004）利用协整模型对市场化指数、政府政策、产业发展、地区增长和收入水平进行了协整分析，发现市场化进程本身带来了地区和产业发展差距的扩大，进而造成收入分配的不均，而政府之前的结构调整政策效果有限。因此建议政府今后的经济结构调整政策应该从以经济增长为中心的结构政策转向以转移支付为中心的结构政策。付文林和沈坤荣（2005）利用省际面板数据对中国财政分权制度演化与省际经济增长的关系进行实证检验，结果显示，财政分权可以促进地区经济增长，因此提出：通过规范的政府间转移支付可以提高国家总体的人力资本积累水平，从而促进科技进步，最终可以让中国经济增长的总体态势保持下去。陆铭等（2006）研究了国内地方保护主义和市场分割现象，据此提出财政转移应该要加大对落后地区的倾斜，促使较落后地区放弃违背比较优势的地方经济发展战略，加入全国统一的分工体系。王雍君（2006）认为，转移支付体制必须从目前的侧重控制功能向强化其再分配功能进行根本的结构性改革，仅仅扩张转移支付总量远不足以促进财政均等化。

王文剑、覃成林（2008）从地方政府行为角度发现：财政分权有可能迫使不发达地区政府为了最大化自身利益，过度介入地方经济，从而导致资源错配，最终损害经济效益，因此建议加强中央对地方的转移支付以矫正财政分权的不利影响。雷振扬、成艾华（2009）通过1998—2008年面板数据实证分析认为，由于存在支付制度、供给模式、服务效率和配套政策因素，应着力构建纵向转移支付与横向转移支付相结合的财政转移支付体系。谷成、周大鹏（2010）认为，为了缩小地区间财政差异，有必要对作为财政均等化主要手段的转移支付制度加以改进，逐步弱化目前以税收返还加专项资金配套为主的转移支付模式，构建以均等化为目的的转移支付体系。为使改革方案在政治上具有更高的可接受性，可以设定中央对地方资金返还的最小数额，并根据不同地区的财政能力加以适当调整。贾晓俊（2010）针对均衡性转移支付标准支出测算中存在的问题，运用一种相对简单客观的测算支出需求的方法测算标准支出，并在此基础上设计了均衡性转移支付的改革方案。刘光俊、王云诚、毕红霞（2010）的实证研究表明，地区保障所导致的对各省的支付源于区域保障对各省的转移支付，其需求效应显著为正，但中央政府对各省转移支付的负债并没有显著的需求效应。这表明从全国来看，区域保障的确比财政政策更为有效。路春城（2009）基于汶川震后重建方案设计了我国横向财政转移支付的建设路径：加强横向财政转移支付的立法进程、规范横向转移支付标准。姚原（2010）基于我国财政管理水平，借鉴德国横向财政转移支付制度，就分税制体制下我国建立横向转移支付制度进行了可行性分析，并提出了政策建议，设计出纵向均等化和横向均等化财政转移支付资金的比重应为70%、30%。张谋贵（2009）根据国外的做法和我国的国情，认为要对现有的纵向转移支付制度进行调整，增加三个层次的横向转移支付制度环节。具体说，在现有的纵向转移支付中取消没有均衡作用的税收返还转移支付制度和体制补助及上解，建立地区区域基金、生态补偿基金、粮食补偿基金以增加横向均衡。在此基础上，通过纵向转移支付，最终达到均衡目标，即，欠发达地区人均可支配财力，近期要不低于全国平均数的60%，远期要达到80%～90%。高琳（2008）认为横向财政转移支付作为一种制度创新，应该充分发挥地方政府的自主性和创造性，中央政府的重要职责在于制定有激励性的政绩考核标准。安体富、任强（2010）从公共财政的立足点出发，提出纵横交错的均等化转移支付模式。逐步取消税收返还和体制补助，调整财力性转移支付，科学界定专项转移支付标准，控制准入条件和规模。王元（2008）建议从完善统一规范的转移支付框架、建立以转移支付为主的主体功能区财税体制及政策体系、改进转移支付分配办法和资金管理三个方面改革转移支付制度。顾建光（2008）建议从以下策略完善我国的转移支付制度：一是逐渐降低直至取消税收返还；二是建立规范的、服务特定政策目标的专项转移支付体系；三是以因素法代替基数法，规范转移支付的分配方法；四是构建综合交错的财政转移支付框架；五是建立转移支付评价、监督和考核机制。

7. 地方政府间财政转移支付制度的研究

李晓莹（1997）从现阶段建立地方政府间财政转移支付制度的制约因素、建立地方政府间财政转移支付制度的相关体制设计、建立地方政府间财政转移支付制度的配套措施等几方面入手，对我国地方政府间财政转移支付制度进行了理论分析。刘忠（1997）提出了建立地方政府间财政转移支付制度的总体设想，强调地方政府间转移支付制度设计应遵循兼顾效率与公平、渐进、客观、公开的原则。许建国、王长江、刘小川（1998）对现行市、区（县）财政转移支付的做法及其存在问题进行了分析，提出了建立市、区（县）财政转移支付新制度的若干具体措施。苏明、赵云旗等（2002）就完善地方转移支付制度等相关问题进行了分析。李波（2002）对我国中西部经济发展中的财政转移支付制度构建问题进行了理论分析，从现状、目标选择、方案设计、政策性建议及相关配套措施等几个方面进行了详细分析。贾康、白景明（2002）分析了健全自上而下的转移支付制度在解决县乡财政赤字中的重要性。张尔升、蒋咏涛、姜西民、马军山（2003）对农村税费改革后对乡镇财政的转移支付问题研究。强调为了保证税费改革顺利推行和乡镇财政的正常运转，必须在加大对乡镇财政转移支付力度的同时对转换支付行为予以合理规范。具体思路包括增加转移支付、形成乡镇政府增加收入和节省开支的制度激励、解决乡镇政府提供公共服务的均衡性等。

8. 转移支付对地方财政的影响

关于地区财政均等化，曾军平（2000）较早地讨论了分税制改革后我国政府间转移支付制度的财政平衡效应。郭庆旺和贾俊雪（2008）则考察了中央财政转移支付在促进各种地方公共服务发展和均等化中的作用，实证分析发现，中央财政转移支付有助于中国省际公共医疗卫生服务的均等化，但抑制了其发展；促进了公共交通基础设施服务发展，但加剧了其省际差异；对公共基础教育服务则不具有显著影响。他们给出的解释是：中央政府在分配转移支付资金时，对不同地方公共服务公平与效率的关注不同，进而对地方公共服务发展产生的财政激励也不同。陈宪和张恒龙（2008）利用1995—2006年的分省数据分析显示，分税制改革以来，中国财政并未发挥应有的再分配职能，区域间财力的差异程度甚至超过了经济发展水平的不平衡，财政不均等严重制约了公共服务均衡化水平的提高。关于转移支付对地方政府财政努力程度的影响，乔宝云等（2006）在财政分权的框架内建立了一个政府间转移支付与地方财政努力的简单模型，并对 1994—2002 年间转移支付与地方政府财政努力相关性进行研究发现，税收返还和总量转移支付都对地方政府的财政努力产生了反向激励作用，即转移支付降低地方政府的财政努力，尤其是富裕地区和人口大省这种情况更明显，而少数民族省份的情况则恰恰相反，转移支付对此类地区的财政努力产生了正向激励作用。张恒龙和陈宪（2007）对 1994—2003 年各类转移支付与各省份财政努力之间的相关性分析发现现有的政府间转移支付制度不利于提高地方政府的财政能力，在实现财政均等化方面的作用相当有限。关于转移支付对财政分权的影响，何庆光（2008）基于 1985—2006 年间省级面板数据，对我国的转移支付、地方税收入和财政分权之间的关系进行实证检验，发现除部分省份外，我国的转移支付和地方税收入与财政分权之间呈现正相关关系，而且从影响程度上来看，地方税收入对财政分权的影响程度要大于转移支付对财政分权的影响。

部分学者的实证结果还表明，分税制改革以来的转移支付在区域协调中发挥了正向作用。刘玉和刘毅（2003）通过对 1995—2000 年各省区市的人均财政转移支付额与其他经济变量之间的相关性分析发现，现行财政转移支付制度虽存在不足，但对调控区域经济仍然发挥了积极作用。首先，财政转移支付很大程度上缓解了欠发达地区的财政困难；其次，财政转移支付与大多数地区经济增长的相关性较强，目前欠发达地区财政转移支付对地区经济增长的带动作用低于发达地区，与各区域所处的经济发展阶段和资金投向有关；最后，财政转移支付对欠发达地区城镇居民收入的提高起到了较大的作用。钟荣华（2004）利用变异指数（CV）研究了湖南省对省以下地方政府的转移支付的均等化效果，认为一般性转移支付的均等化效果要强于中央专项转移支付，税收返还的均等化效果最差，作为对省以下转移支付效果的研究，这是一个很好的尝试。李祯业、汪贵浦（2006）基于浙江省 n 个地级市 64 个县（包括县级市）的数据，对 20 世纪 90 年代中期以来浙江省县域差距的变动趋势及其影响因素进行实证分析发现，政府部门缩小县域差距的各项政策性努力，特别是财政补贴，在一定程度上减缓了浙江县域差距扩大的趋势。相对应地，也有很多学者认为现行转移支付未能促进区域协调。刘溶沧、焦国华（2002）指出，分税制财政体制改革后的转移支付制度没能有效控制地区间公共财政能力差距的扩大，以人均财政支出相对差异系数衡量的地区间公共财政能力差距有明显的升高。陈秀山、张启春（2003）在分析我国转型期财政转移支付制度横向均衡效应的基础上，指出现行转移支付制度在矫正区域间横向均衡方面成效有限。马拴友、于红霞（2003）采用增长回归法，利用1995—2000年度分省面板数据，估计了财政转移支付对地区经济收敛的影响，发现我国的财政转移支付总体上并没有缩小地区经济差距，他们认为主要原因是转移支付资金分配对地区差异考虑得较少，由此产生了不科学和不公平，另外资金的使用效率也较低。江新赦（2007）利用1994—2004年的分省面板数据计量分析发现，转移支付在地区间的数量分布具有“马太效应”，越是富裕的地区，得到的转移支付量越多，转移支付没有发挥缩小地区间发展差距的作用；将转移支付进一步细分发现，专项转移支付和税收返还扩大了地区发展差距，财力性转移支付有助于缩小地区发展差距，并且推动经济增长的效率也最高，但是相对规模太小。刘凤伟（2007）利用1994—2005年的甘肃省分县数据也有同样的发现：财政转移支付客观上起到了扩大地区差距的作用。

尹恒，等（2007）利用中国2000多个县级地区1993—2003年的财政数据，借鉴收入来源不平等分解法对转移支付的财力均等化效应进行了分析，发现财政转移支付造成了近一半的县级财力差异；尹恒和朱虹（2009）利用中国近2000个农业县2000—2005年的财政数据估计了财力缺口，发现在均等现实财政责任意义上转移支付产生了一定的效果，但是作用还是相当有限。持有类似观点的还有黄佩华（2003）、葛乃旭（2005年）、张明喜（2006）、朱国才（2007）、史桂芬（2009）等。

9. 转移支付与其他政策相互作用的研究

余小平、吴雪、张文红（1997）在对我国地区差距及改革开放以来的发展差距进行分析的基础上，研究了我国现行财政体制及投资政策对地区发展的影响，对今后政府间财政转移支付的政策取向提出了若干建议。强调在对地方财政收入的客观测算，正确评估各地的税收征收努力程度，打破西部贫穷却税负重、东部富裕却税负轻的不合理局面的基础上建立规范、合理的财政转移支付制度。安福仁（2000）认为税收与政府的转移支付具有内在的必然联系，税收不但能够影响政府的转移支付，同时也是政府转移支付的一种替代的形式。他对税收对政府转移支付的替代作用进行了分析，并重点论证了税收对政府转移支付的隐形替代作用。刘蓉（2001）在分析现行政府间转移支付弊端的基础上，就目标选择、模式选择、近期转移支付的方案设计、加快专项转移支付制度建设四个方面讨论了应如何构建促进西部开发的政府间转移支付制度问题。马丁·赖泽尔（Martin Raiser）1998 年在对 1978—1992 年中国财政转移支付的一项研究中已经发现，尽管所有穷省都得到了数量不等的补助，但最穷的省份却并未必然得到最高水平的补助。补助水平最高的是那些非汉族人口为主的省份，尽管他们的收入水平超过了那些最穷的省份。香港中文大学的王绍光延续了马丁·赖泽尔（Martin Raiser）的研究，他（2002）认为，尽管财政转移支付往往是按照公正性原则进行分配的，但政治家们通常会运用转移支付寻求其他的政治目标，如统一后的德国对原东德地区的转移支付。黄肖广（2001）分析了我国财政资金在不同经济体制、财政体制下的分配格局，指出由于我国各地区的经济发展差异很大，“抽肥补瘦”式的政府间转移支付只能在中央集权的财政体制中得到实施，地方财政分权只能局限于地方公共产品供应范围内。刘黎明（2002）对转移支付在补偿地区利益外溢中的作用进行了理论分析。龚六堂、邹恒甫（2002）推广了巴罗（1990）等人关于政府税收与经济增长的模型，对多级政府下的政府花费、税率、政府转移支付与经济增长之间的关系进行了分析。

10. 转移支付与基本公共服务供给的研究

段艳平（2011）通过对我国三大地区之间和三大地区内部的均等化效应进行实证分析，得出中央转移支付对缩小三大地区之间的公共服务水平差距有一定效果，但对平衡三大区域内部的财力水平具有明显的区域特征，转移支付对东部地区内部具有明显的公共服务均等化效果，而对中西部地区内部效果较差。李齐云、刘小勇（2010）使用1997—2006年省级面板数据检验了中国公共卫生服务均等化的影响，发现财政分权和转移支付对公共卫生服务供给和均等化的影响取决于采用何种财政分权指标以及采用何种公共卫生服务测度指标。总体而言，财政转移支付有利于缩小地区间可及性公共卫生服务产出差距，但并没有缩小地区间人均卫生经费支出投入差距。郭庆旺、贾俊雪（2008）从公平和效率角度，探究了中央财政转移支付与地方公共服务发展和均等化关系。研究表明，中央财政转移支付有助于中国省份公共医疗卫生服务的均等化，但抑制了其发展；促进了公共交通基础设施发展，但加剧了其省份差异；对公共基础教育服务则不具有显著影响。其原因在于中央政府在转移支付资金分配时对不同地方公共服务公平与效率的关注不同，进而对地方公共服务发展产生的财政激励不同。王磊（2006）建立的政府间转移支付与地方公共物品供给模型表明，1994年以来转移支付政策的公共服务均等化效应非常弱，甚至在一些省份拉大了公共服务差距。曹俊文、罗文清（2006）剖析了转移支付与公共服务差距的影响，表明尽管在制定和运行环节不尽完善，但总体而言仍实现了既定目标，作用是积极的。

11. 转移支付立法方面的研究

张俊伟（2005）撰写的《中国转移支付立法的着眼点》一文从政府职能角度和收入角度分析了我国转移支付立法难的原因，指出转移支付立法要跳出“行政性分权”的老路，将立法的着眼点放在提高转移支付资金的效益上。孟春、苏志希（2006）撰写的《中国转移支付立法初探》中指出，“转移支付制度作为现代财政管理制度的重要组成部分，是促进社会经济协调发展，保证不同地区居民享受大体均等的公共服务，实现社会政治稳定的重要宏观调控手段”。该文也梳理了现行转移支付制度存在的主要问题，并提出了完善我国转移支付立法应考虑的基本框架及内容，包括依法规定转移支付基本形式、依法完善转移支付内容等。

梳理国内外关于转移支付制度的研究可知，经过长期的理论结合实践，国内外的专家学者在规范及完善财政转移支付制度的研究领域上奠定了扎实的理论根基，构建了系统规范的财政转移支付理论体系。已有的文献从研究方法看，既有规范分析，也有实证分析；从研究视角上看，既有历史和现实相结合的研究，也有将国际经验与中国国情相结合的分析；从研究内容看，既有对理论本身的思考，也有关于转移支付制度设立公式的技术方法的探讨。在已有的研究中，各位学者与实践部门工作者关注较多的是转移支付制度的效果、现有转移支付制度存在的问题及改革与完善的对策建议，并形成了一些理论与实践价值较高的观点与成果。但是，由于转移支付制度的研究具有较强的理论性和实践性，研究难度较大，因此，已有的研究也存在着局限性。国外政府转移支付制度研究主要以发达国家为背景，制定了较为科学规范的转移支付制度，并有着强大的法律制度作为保障，但由于各国国情迥异，我们可以借鉴国外的成熟经验但不可脱离实际生搬硬套。目前国内关于转移支付制度的研究还存在一些局限性。主要表现在以下方面。首先，对转移支付制度的效果研究多是定性研究，认为转移支付的均等化效果较差，但是给出现行转移支付制度均等化效果定量研究得太少，使我们不能对转移支付的均等化效果有一个立体的把握。其次，大部分学者认为应该合并转移支付形式，发挥转移支付的均等化效果，但是对于怎么合并没有给出详细的论述。再次，转移支付中标准收入与标准支出的研究散见于大量关于转移支付研究的文献，缺乏对标准收入与标准支出确定的理论研究和测算方式的系统研究，特别是对各税种收入如何确定的问题，现在仍没有一个认同的标准。另外，转移支付制度是通过“公式法”来确定转移支付规模的，但已有的文献对公式中应该包含的因素还没有形成共识，有待于进一步的研究和探讨。最后，省级以下转移支付制度对转移支付制度均等化效果的发挥具有非常重要的影响，但由于各个省份转移支付制度不尽相同，现在缺乏对省级以下转移支付制度的理论与实证研究。

1.2.3　关于日本转移支付的研究

1. 日本学者关于日本转移支付的研究

日本有不少学者研究其自身的转移支付制度，也有不少相关论文及著作。金井利之（1994）在《地区福祉及财政调整》一文中通过观察和地区福祉相关的财政调整制度，得出四个结论：第一，由于制度的分立而导致社会横向财政调整效果未充分发挥。第二，地方财政调整制度作为制度是稳定的，但通过计算满足地区福祉所需的基准财政需求额可能引发巨大的混乱。第三，纵向财政调整制度需要较长时间达成一致，地方财政负担越来越重。第四，不管是纵向还是横向都需要建立更加稳固的财政调整制度。鞠重镐（2004）在《日韩地方财政比较》中较为系统地比较了日本和韩国转移支付制度的制度框架、结构、资金分配机制以及各自的特点等。砂原庸介（2006）的《中央和地方权限分配的观点整理》对日本中央和地方事权划分的历史进行了梳理，评价了地方分权改革的成果，并阐述了今后制度设计应注意的两点，即搞清楚什么是“国家应承担的事务”以及“怎样执行这项事务”。日本财务省财务综合政策研究所研究部林正义、别所俊一郎、岩田由加子在《政府间财政转移制度：理论、比较及现状》中从经济理论、国际比较及日本的制度变迁和现状三个角度入手，详细地论述了转移支付的意义与功能，转移支付的经济效应分析以及政府间转移支付的结构等，在比较各国转移支付制度基础上对日本政府间转移支付制度的变迁及现状进行了介绍。中田恒平在《地方交付税及补助金机制》中不仅梳理了日本补助金的分类及效果，还量化分析了地方交付税及补助金对四方政府支出带来的影响。

另外，日本财务省财务综合政策研究所和中国国务院发展研究中心共同撰写的《地方财政合作研究报告》，林正义撰写的《中央和地方的责任分担》，佐藤主光（2006）撰写的《政府间财政关系的政治经济学》，麻生良文（2009）撰写的《水平财政调整制度的作用》，金弦树（2010）撰写的《日韩地方交付税制度比较研究》，飞田博（2010）撰写的《地方交付税的现状和课题》，西川雅史（2010）撰写的《财政调整制度下的地方财政》等也都对日本政府间财政关系、地方财政及转移支付制度有定性或定量的分析，挖掘了地方财政存在的问题及未来改革方向，甚至还有日本学者对中国转移支付进行了研究，对中国地方财政改革中出现的问题进行了总结并得出一定结论，如梶谷怀、星野真撰写的《中国内陆政府间转移支付的决定因素和再分配效果——运用县级数据进行实证分析》、齐藤节夫撰写的《中国地方财政结构和实态》等。

2. 国内学者关于日本转移支付的研究

林家彬（1996），项中新（2003），王朝才（2005）都对日本财政体制及日本中政府和地方政府之间的财政关系进行了梳理和概括，其中涉及转移支付制度，但不是论述的重点，并未较深探究。李玉兰、亦冬（1996），陈国美（1999），陈永平（2001），财政部预算司赴日体制考察组（2002），吴昊、李成良（2004），都在研究中提到了日本转移支付制度，并介绍了基本情况，对其进行了简要的概述，但缺乏进一步的深化分析。苏明（1993），许建国（1995），周继良（1996），邵广东（1997），不仅对日本转移支付制度进行了详细介绍，并尝试进行了经验总结，但对这些总结未进行更进一步的分析。张朝晖（1997），龙卓舟、陈达（2002），刘晓凤、莫连光（2006），赵惠敏、董蕾（2007），刘志广（2011），李江涛（2011），刘桂芝、韦红云（2012），刘琳、孙磊（2012）等，此类文献对日本转移支付制度有相对深入的梳理分析，提出了若干经验总结，有一些还提出了对我国转移支付制度的借鉴意义。

1.3 研究方法与结构

1.3.1 研究方法

1. 比较分析法

日本转移支付制度已有六十年的历史，尤其在地方交付税方面有一些成功的经验，本书拟选取日本转移支付与我国转移支付进行比较，根据我国的国情，找出我国仍需要改进的方向。

2. 图表分析法

本书从中国财政部及日本财务省、总务省等网站大量关于中国及日本转移支付的统计数据、图表等对两国转移支付等情况从“数量”上进行描述和分析比较，进而得出定性结论，并加以比较和分析。

3. 文献分析法

文献分析法指的是收集、整理大量文献，并通过阅读、仔细判断筛选及总结，最终得出一定的认识并得出一定结论的研究方法。关于转移支付方面国内外的专家学者研究已有一些成果，本书研究拟借助语言方面的优势，系统收集梳理国内外关于日本转移支付研究的文献，并对收集到的相关文献资料进行仔细的分析和梳理，在前人研究成果的基础上进行了进一步的探讨。本书的文献资料主要来源：相关中文、外文的书籍、报纸期刊资料，外文相关网站上的新闻、统计信息、研究机构和专业研究报告以及期刊杂志等。通过筛选评价文献内容，进行归类整理，确保对转移支付的理论研究和发展保持清晰的脉络。书中将会有大量图表，均为从日本网站下载的原始资料，在研究的过程中尽量避免由于国内翻译的二手资料的有效性和可靠性问题所带来的负面影响。

4. 科学归纳法

本书在文献分析的基础上，运用科学归纳法，通过对转移支付的理论、中日政府间财政关系、中日转移支付制度背景、结构和规模、效果等方面进行归纳总结，得出日本转移支付对我国的启示，揭示我国目前转移支付体系中存在的问题，并提出推进完善我国转移支付制度的思路及意见、建议。

5. 调查研究法

本书是针对我国转移支付现实状况而提出的，因此为了解决现实问题的真实情况，拟采用调查研究的方法。拟通过调查研究部分重点省份或地区的转移支付现状，对目前转移支付制度中存在的问题有一个总体性的把握。拟采取与转移支付主管部门、操作部门及研究部门有关专家研讨的方法，对一些转移支付的关键性问题向他们请教并进行认真研讨，对提出的政策和建议进行深入论证。

1.3.2 结构及研究内容

1. 主体结构

本书的主体结构如图 1 – 1 所示。

2. 主要内容

本书共分为八章。内容分别从选题背景及研究意义、转移支付相关理论入手，进而分别分析中日两国转移支付的制度背景、立法体系、转移支付结构、资金分配方法、功能效果等五个方面一一进行对比，从而分析我国转移支付存在问题，并在提出问题的基础上，设计完善我国转移支付制度的总体思路及意见建议。本书遵循提出问题、分析问题和解决问题的思

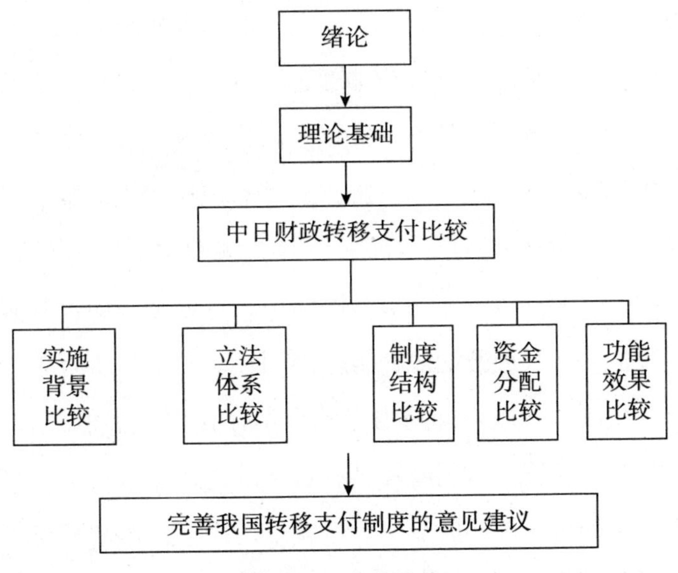

图 1－1　主体结构

路，主要按照以下结构展开论述。

第一章绪论部分，分别介绍了选题的背景和研究的意义，归纳和梳理了国内外相关研究成果，介绍本书的主体框架、结构和内容，说明研究方法和可能的创新与不足之处。本书的研究是在党的十八届三中全会提出深化财税体制改革的背景下进行的，十八届三中全会提出了财税改革三方面的任务：一是深化财政体制改革，二是深化税收体制改革，三是深化财政预算体制改革。完善转移支付制度是深化财政体制改革中一项重要的内容。因此，在当前深化财税改革的历史背景下进行转移支付研究是很有必要的。而且，我国的转移支付制度确实也存在一些缺陷，通过比较研究，借鉴日本的经验，对完善我国转移支付制度体系具有一定的现实意义。再从当前国内外转移支付研究成果来看，进行中日转移支付比较研究的很少，填补这一薄弱环节在学术理论方面也是具有学术价值的。

第二章理论基础部分，主要对公共产品理论、外部性理论、社会公平理论、财政分权理论、政府间财政关系理论进行梳理，对转移支付的相关概念进行了界定。认为这些相关理论与转移支付有着密切关系，是研究转移支付问题的指南。其中公共财政理论决定着转移支付的功能，特别是公共产品提供方面尤为重要；社会公平理论影响着转移支付的成效，特别是在缩小地区差距和基本公共服务均等化方面；财政分权理论关系到转移支付的比重调整和规模适度，特别是转移支付的规模问题；政府间财政关系理论关系到转移支付结构调整，特别是加大一般性转移支付问题。

第三章中日转移支付制度的背景比较中，主要围绕中日实施转移支付的政治、财政体制背景展开比较分析。两国在政治上均实行单一制，在财政上都实行分税制，在政府间财力分配上都存在中央集中占大头的现象。通过比较认为中日转移支付制度是具有可比性的，选取日本转移支付作为比较对象有一定的可行性和借鉴性。这就是选择与日本转移支付相比较而不与西方联邦制国家相比较的原因所在。

第四章中日转移支付立法比较中，分析比较了日本转移支付的立法程序以及法律体系和中国转移支付立法现状。通过比较我们可以清晰地看到日本转移支付在立法程序和法律体系等方面不仅立法层级高，具有权威性，而且法律体系比较完善。比较之下，中国转移支付在立法方面尚存一定的差距，今后势必应加强我国转移支付的法制建设，促进我国转移支付立法层级和完善程度，增强转移支付的法制化、权威化、规范化。

第五章中日转移支付的制度结构比较，分别介绍了两国转移支付制度的框架与结构，在此基础上比较两国转移支付结构的异同。日本转移支付框架主要由“地方交付税”“国库支出金”“地方让与税”三种类型组成。在三种转移支付类型中，“地方交付税”相当于我国的一般性转移支付，占据主要的比重；“国库支出金”相当于我国的专项转移支付，比重次于“地方交付税”；“地方让与税”相当于我国的税收返还，比重最小。中国的转移支付框架由一般性转移支付、专项转移支付构成，为了增加可比性，本书暂且将税收返还也列为转移支付的范畴。专项转移支付占比长期以来居于高位，一般性转移支付占比小于专项转移支付，税收返还小于前两种。不过近年来结构有所变化，专项转移支付比重有所下降，一般性转移支付比重有所上升，二者目前达到“平起平坐”的状态。税收返还虽然占比在逐渐下降，但数额还在增长。通过比较可知，中日转移支付在框架构建上具有共同的问题，即均为纵向转移支付，缺少横向转移支付。在转移支付的结构上，日本以“地方交付税”（一般性转移支付）为主体，有利于政府间财力的均衡和公共服务均等化，而我国长期以来以专项转移支付为主体，不利于政府间财力的均衡和公共服务均等化。日本的“地方让与税”虽然形式上看似接近于我国的税收返还，但其性质完全不同，日本的“地方让与税”是把中央代收的地方税收返还给地方，而中国的不甚科学合理的税收返还属于历史遗留问题，是对既得利益的保护。同时，通过比较还发现，日本的转移支付与中国的转移支付形式大不相同，日本是税收支付形式的，通过税收比例实现转移，而中国是通过资金支付实现转移。

第六章中日转移支付资金分配比较，包括把无条件的转移支付、有条件的转移支付和税收返还的资金分配方法进行比较。通过比较看出，中日两国无条件的转移支付均运用“因素法”和“公式法”，具有一定的科学性，但在因素和权重的选择上各有差异，需要根据各国的情况来决定。在有条件的转移支付的资金分配上，中日两国都存在运用“项目法”的现象，这是共同的制度缺陷。但日本在实行“项目法”的同时，还实行“公式法”，“项目法”与“公式法”相结合，而中国没有做到这一点，完全实行“项目法”，在今后专项转移支付改革中要向这方面发展。日本的税收返还是实行比例法，中国实行“基数法”，二者也有一定的差距。

第七章中日转移支付的功能作用比较，比较的内容主要是解决财政纵向不均衡、解决财政横向不均衡、实现中央政府意图、调整政府间财力分配关系、促进区域经济协调发展等方面。比较显示，日本转移支付的功效在解决财政纵向不均衡、解决财政横向不均衡、促进公共服务均等化方面比较突出，中国在实现政府意图方面发挥的作用显著，这是第一位的，其他方面是次位的。按照公共财政理论，政府提供公共产品和公共服务是其主要的职能，转移支付的重点目的应该在这里，我国今后在转移支付的完善中要特别关注这一方面。

第八章完善我国转移支付建议，首先通过对以上转移支付各方面进行的比较，总结梳理了我国转移支付存在的缺陷和问题。在法律和制度建设方面，相关立法层次低，缺乏法律支撑和保障；在转移支付目标定位方面，转移支付制度目标定位偏离了公共服务均等化；在转移支付制度结构方面，专项转移支付所占比重过高，一般性转移支付所占比重偏低，还存在税收返还等保护既得利益的成分；在转移支付资金分配方面，专项转移支付完全实行"项目法"，资金分配不合理，不公开、不透明。然后，针对存在的缺陷，提出相应的完善建议，主要是加强我国转移支付制度的立法，使转移支付进一步走向法制化和规范化；调整转移支付的目标方向，把基本公共服务均等化放在首位；优化转移支付结构，清理归并整合专项转移支付项目，减少专项转移支付比重，加大一般性转移支付比重，取消税收返还等种类；进一步改进我国转移支付资金分配方法，特别是改变专项转移支付的方法，使其向"因素法""公式法"发展。

1.4 创新与不足

1.4.1 预期成果

（1）比较系统地梳理出中日两国转移支付的制度背景、立法体系、机构、资金分配、功能作用等，通过比较分析指出我国转移支付存在的主要问题及未来的改革方向。

（2）运用财政学、政治经济学、公共管理学等相关学科的理论对转移支付制度的理论渊源进行追溯，并用这些理论来分析要对政府间转移支付制度实行全方位优化的依据。

（3）通过对日本转移支付制度的研究，对我国转移支付制度进行比较深入的探讨，提出目前我国转移支付面临的挑战及改革方向，清晰和全面地提出构建我国现代转移支付制度体系建议。

1.4.2 可能的创新

1. 研究领域的创新

弥补国内中日转移支付比较研究的不足，我国国内有不少关于研究国内外转移支付的研究，也有不少介绍日本转移支付的文章，也有介绍多研究中转移支付的文章，但对中日转移支付进行比较研究的文章较少，本书的研究是在国内研究基础上往前推进一步，往更深层次进行挖掘材料，较为系统地弥补了中日转移支付比较研究的薄弱环节。

2. 研究方法的创新

比较研究法贯穿本书始终，抛弃了以往借鉴类文章或著作的先制度介绍再经验借鉴的模式，对转移支付制度、立法、管理、资金分配等多个方面逐一进行梳理和比较，可以说目前为止运用比较法完整系统地对中日两国转移支付进行研究的资料几乎看不到。

3. 研究资料的创新

为了求得研究的客观、可信性，从日本财务省、总务省等网站下载大量一手数据资料以及学术论文，论文多达几十篇，书籍有若干册，资料十分丰富。国内对日本转移支付的研究多为二手资料或者根据英文资料翻译而来，本文所用资料均为日本官方网站原始数据资料或日文原版书籍、论文等，因此增加了论文材料的客观真实性。

4. 研究观点的创新

通过对中日两国转移支付五方面系统的比较，总结梳理了我国转移支付中存在的缺陷和问题。在法律和制度建设方面，相关立法层次低，缺乏法律支撑和保障；在转移支付目标定位方面，转移支付制度目标定位偏离了公共服务均等化；在转移支付制度结构方面，专项转移支付所占比重过高，一般性转移支付所占比重偏低，还存在税收返还等保护既得利益的成分；在转移支付资金分配方面，专项转移支付基本以“项目法”为主，资金分配不公开、不透明。因此，针对存在的缺陷，提出相应的完善建议，主要是加强我国转移支付制度的立法，使转移支付进一步走向法制化和规范化；调整转移支付的目标方向，把基本公共服务均等化放在第一位；完善转移支付结构，清理专项转移支付项目，减少专项转移支付比重，加大一般性转移支付比重，取消税收返还等种类；进一步改进我国转移支付资金分配方法，特别是改变专项转移支付的方法，使其向“因素法”“公式法”发展。

1.4.3 不足之处

由于知识储备及认识能力有限，研究中可能遇到不少问题，造成研究存在一些不足：

1. 由于转移支付制度本身的复杂性较难全面把握

政府间转移支付制度的安排是一个国家财政体制的体现，不仅直接表现在中央政府对地方政府的资金补助情况，实际上也体现了政府职能定位、政府间财政关系，且受本国历史、文化、政治等国情影响，对一个国家转移支付制度的理解不能仅就制度现状本身，而要从时间和空间的维度上，用历史的眼光看待制度的改革演进。在这样的要求下，由于作者本身学术水平的限制，对问题的把握可能有不少欠缺，研究的广度、深度、全面性等势必会有大量不足之处，得出的结论也未免会有牵强浅薄之处。

2. 对中日转移支付制度理解不一定深刻

由于我国转移支付制度的设计也比较复杂，且对制度背景和设计的把握由于笔者理论和实践上都还存在些欠缺，在应用公共财政理论进行分析时，可能很难做到准确、透彻，并且有深度。解决这一问题的办法是不断地阅读相关文献和尽可能利用实践机会，多参加调研。

3. **存在适用性问题**

日本虽然是单一制国家，但实行地方自治，这点是和我国行政体制的最大不同，日本的转移支付制度在日本有效，换到中国是否可行？是否适合中国需要？适合的标准又是什么？这些都是可能遇到的问题。

4. **由于受各种限制数据收集不太全面**

日本财政数据透明公开度相对较高，而我国不少财政数据公开透明度程度不高，另一方面由于转移支付概念、口径的不一致以及类似名目数据的实际含义不同，导致各种数据收集不是太全面，也难以对中日转移支付进行定量的比较分析。

1.5 小结

国内研究日本转移支付制度的多为期刊，专著甚少，且研究多是从制度层面上宏观介绍，专门聚焦于中日转移支付进行系统比较研究的文章则很少，可以说是研究中的一个薄弱环节。但比较研究有一定的难度，既要了解日本转移支付又要熟悉中国的转移支付制度，研究过程更为复杂，难度也较大。只有全面系统考察梳理制度，才能对其本身有深刻的理解。从国家结构形式上来看中日两国都是单一制国家，从财政体制来说都是实行的分税制，因此本书选取日本这一国家的转移支付作为比较研究的对象，从几个主要方面对两国转移支付的制度背景、立法体系、制度结构、资金分配、功能效果进行系统的对比分析，并深入地考察该制度安排下各参与方的行为选择，在对我国的转移支付有一个更加全面的回顾和反思的基础上，为我国转移支付制度改革和完善提供一定的启示和借鉴。

2 理论基础

转移支付制度作为财政体制的重要组成部分，其产生、发展和不断完善不仅得益于对以往实践的总结和推动，还依赖于理论的创新和引导。我国政府间转移支付理论一直随着时间的发展而发展，在初期学习和借鉴西方财政理论的基础上，逐步探索完善符合中国国情的公共财政理论，并逐步形成指导我国转移支付制度不断发展和完善的理论基础。转移支付制度改革和完善与公共财政理论、政府间财政关系理论、政府间职责划分等相关理论有着密切的联系。

2.1 转移支付理论概述

当前，随着国家政治经济体制改革的不断深化和推进，转移支付日益成为财税改革的一个重点方向，成为目前在解决发展中各种矛盾的有效工具。从 1995 年建立转移支付制度以来，其内涵就一直在不断发展和深化。转移支付是本文的关键词之一，全书通篇需围绕中日两国转移支付展开论述，这就更有必要对转移支付的概念界定、类型及功能目标进行深入的讨论。本节主要围绕转移支付的概念界定、类型及功能目标三个方面展开论述。

2.1.1 转移支付的概念界定

最早提出转移支付（Fiscal Transfer Payments）一词的是英国著名经济学家阿瑟·赛斯尔·庇古（1877—1959），他在《财政学研究》①（1928年出版）一书中将国家经费分为消费性经费和转移性经费两种，其中后一种经费用于支付本国人民内债利息、抚恤金、养老金、奖金等方面。

《中国财政体制图解》一书中提到，“在财政实践中，政府间转移支付主要是指：在既定的政府间支出责任和收入划分框架下，通过财政资金在各级政府之间的无偿拨付以弥补财政纵向和横向失衡、校正辖区间外溢、稳定宏观经济、促进区位效率、实现非他经济目标的一项财政资源再分配制度。”

陈共在《财政学》一书中对政府间转移支付的定义是：“政府间转移支付指的是政府间财力的无偿转移，一般指上级政府对下级政府的无偿补助或拨款，而财力无偿转移的方法、规则和程序则构成政府间转移支付制度。”

综上所述，尽管对转移支付提法不一，但基本的核心的内容是一致的，即指政府通过一定的方式无偿将一部分资金的使用权转让给受助方（居民或下级政府）所形成的支出。转移支付制度存在的前提是各级政府之间由于存在纵向或横向的财力差异而导致各地提供公共服务和公共产品的质量和水平不均一。以转移支付资金领受主体为标准，转移支付可以具体划分为三种形式：政府对企业的转移支付、政府对居民个人的转移支付以及政府之间的转移支付三种。本书所指的转移支付更准确地说应是政府

① 《财政学研究》原是庇古的学术代表作《福利经济学》中的单独一篇“国民收入的分配和财政”，反映了他的财政学学说思想，后来该篇以《财政学研究》为书名单独出版，也是其福利经济学思想的代表作之一。

间转移支付。

政府间转移支付又有广义和狭义之分。广义上的政府间转移支付既包括财政资金从上一级政府向下一级政府的转移和同级次不同政府间的资金转移，也包括下一级政府向上一级政府的资金转移。而狭义上的政府间转移支付通常指的是上级政府向下级政府的资金转移。

从国内外来看，在公共产品供给过程中，中央和地方各级政府的收入与支出一般很难实现平衡。而且考虑到对特殊人群、特殊经济社会活动进行照顾或专项调节，一般而言，上级政府对下级政府常常进行政府间的“转移支付”。

从转移支付方向来看，政府间转移支付包括两种形式：上下级政府间的资金转移（纵向转移支付）、同级政府间主要是富裕地区向财力不足地区的资金转移（横向转移支付）。

对于整个国家而言，除了纵向的转移支付之外，横向的转移支付将会有所增加。特别是出于全社会可持续发展和协调经济发展的目的，促进经济与生态相结合的“生态转移支付”将会越来越多。

中央对地方实行转移支付的理由包括几个方面：一是纠正纵向财政不平衡。地方上支出大于收入和中央的支出小于收入的局面被称为纵向财政缺口。二是纠正横向财政不平衡。各地区之间财政净利益的差异，既不符合公平原则，又影响人们的经济行为决策，会造成资源配置的扭曲。三是解决辖区间外溢带来的效率损失、效益外溢和成本外溢。四是诱导地方政府按照中央的意图和政策取向来办事。五是刺激地方政府努力增加本地收入，稳定经济。

2.1.2 转移支付的类型及其选择

1. 转移支付的类型

转移支付根据不同的标准可划分为不同的类型，不同类型的转移支付在支付特点、支付条件、功能等方面不完全相同。一般可以归结为无条件的政府间转移支付和有条件的转移支付两大类。

无条件正政府间转移支付，也称为无条件拨款、一般性财政拨款，即一般性转移支付或均衡性转移支付。包含有或没有再分配标准的收入分享安排和一般性拨款。既不要求地方拿出配套资金，也不规定资金的具体使用用途。主要目的是解决财政横向与纵向不平衡问题，缓解地区间财政能力的差异。按照拨款数额是否固定又分为无条件整顿拨款和税收努力相关性无条件拨款。如果无条件政府间转移支付是一笔固定数额的款项，则为无条件整顿拨款；如果财政拨款数额不是固定的，则为税收努力相关性无条件拨款。

有条件政府间转移支付，也被称为专项财政拨款，即专项转移支付。有附加条件和资金使用范围的规定，在资金用途或相关项目实施情况等方面或多或少提出了较严格的条件要求，地方政府必须按指定的用途使用这些资金，专款专用。专项转移支付可以有限额也可以无限额，可以要求配套，也可以不要求配套。主要目的是执行中央政府的政策，实现中央政府意图，多用于教育、环境保护、社会保障等具“溢出效应”的项目。根据政府间财政转移支付是否需要下级政府提供相应的配套资金，可以分为有条件配套性拨款和有条件非配套性拨款。有条件配套的财政拨款还可以进一步细分为限额配套性拨款和无限额配套性拨款。

无条件财政拨款、有条件非配套性财政拨款、有限额配套性拨款和无限额非配套性拨款是政府间财政转移支付的四种基本形式。

2. 转移支付类型选择

按照拨款机制，转移支付大致可以分出四个类型的选择方案。

（1）基本选择，即选择有条件的转移支付还是无条件的转移支付。不少国家的中央政府对一些转移支付附加条件，他们规定资金的用途或项目要取得的成效，以此作为强化中央政府影响支出的手段，这些支出主要是地区或地方政府的责任，但也有可能对国家关心的重大事项（如空气或水污染控制）产生影响。类似地，中央政府可能把某些职能的主要管理责任留给地区或地方一级，但又谋求这些职能达到国家最低标准，因为它们是全国公众关心的事情（比如卫生或教育计划）。附加条件的程度各不相同。一个极端是地方政府只是作为中央政府的代理人；另一个极端是给地方政府留下充分的创新和实验空间，附加条件只限于提供信息。

对接受拨款区而言，无条件地拨款通常会比有条件的拨款的效用更高。这是因为，无条件拨款只是增加社区收入，而不改变地方政府的支出先后次序，次序依旧是根据地方政府的偏好自主决定。

选择有条件拨款的主要理由之一是地方决策无法产生最理想的社会效果，比如前面论述过的管辖区间的利益外溢。但是，很多发展中国家管理地方政府支出的能力相对较弱，加之对专项拨款附加条件和成效标准急剧增加，很可能在管理方面产生混乱，或者导致只是表面上满足了规定的标准。因此，除非他们拥有监督和管理拨款附加条件的能力，否则中央政府最好简化专项拨款的设计和附加条件，用一次性分类转移支付作为专项拨款的补充（接受政府会把它们看成自己的资源）。

（2）在有条件的转移支付的范畴内，还有一种选择，即中央政府可以要求地方政府为项目承担一部分配套资金。考虑到中央政府的支出偏好，配套的有条件拨款一般会改变当地支出的优先次序，如果认为存在利益外溢，这类拨款就特别有效。论述这个主题的文献很多。例如，博德威和霍布森（1993）证明，最理想的配套比率是会诱使接受转移支付的政府提供社会意义上最佳公共服务水平的比率，即边际社会成本正好等于边际社会效益的水平。

（3）转移支付机制中要不要一些再分配，或者是否简单地根据相等的人均数向每一个地区所确定人口的每一个成员进行转移支付。严格意义上的均等化转移支付通常只限于一般性转移支付制度，但是地区区域之间的某些再分配要素经常被纳入有条件拨款（例如，对教育或卫生需求较大的较贫困地区拨款）。然而，如果没有一个评估拨款的总体框架，就不清楚分别确定的带有再分配性质的有条件拨款（或收入分享）实际上是减少不平等或者是总体意义上的再分配。

（4）无论是有条件转移支付机制还是无条件转移支付机制，都存在是放开还是限制拨款数额的选择。没有限额的配套拨款能够鼓励地方政府将已经明确的利益外溢内在化，并提供必需的服务水平。与此同时，从宏观经济稳定方面考虑，中央政府经常对这类安排有所怀疑，他们认为是需要限制拨款额度的。

2.1.3 政府间转移支付的经济效应分析

不同的转移支付形式，对接受财政拨款的下级政府的财政行为会产生收入效应或者替代效应。收入效应是指接受财政拨款的下级政府将会拥有更多的资源归其支配使用。替代效应是指由于财政拨款改变了接受财政拨款的项目和未接受财政拨款的项目之间的价格比，即由于拨款降低了受补项目的成本，促使资源从非拨款项目转移到受补项目，扩大了受补项目的支出。不同的财政拨款形式的收入效应和替代效应是不尽相同的，所以不同形式的拨款对接受财政拨款的地方政府行为的影响也是不相同的。

通过上文论述可知，财政拨款的基本类型可分为有条件拨款与无条件拨款，根据拨款类型的不同对接受补贴的政府的支出带来的影响也不同，即不同拨款所产生的经济效应是不同的。无条件补助在改变地方公共产品与私人产品的相对价格的基础上只是提高了地方的收入水平，即仅具有收入效应，预算线整体向外平移，其结果是受补地区的公共物品与私人物品的消费量均有所增长。有条件补助则扭曲了地方公共产品的价格，改变地方公共产品与私人产品的相对价格，具有可能促使地方增加地方公共产品的消费量的替代效应。

1. 无条件拨款的经济效应

对于地方政府来说，在所有社会资源的初始所有权都界定为私人所有的条件下，消费 *OG* 数量的公共产品必须以放弃消费 *FA* 数量的私人产品为代价。如果假定地方政府的收入完全来自地方税收，那么该地区要课征 *FA* 数量的税收，其地方税的总体税率为 *FA/OA*。如图 2 - 1 所示。

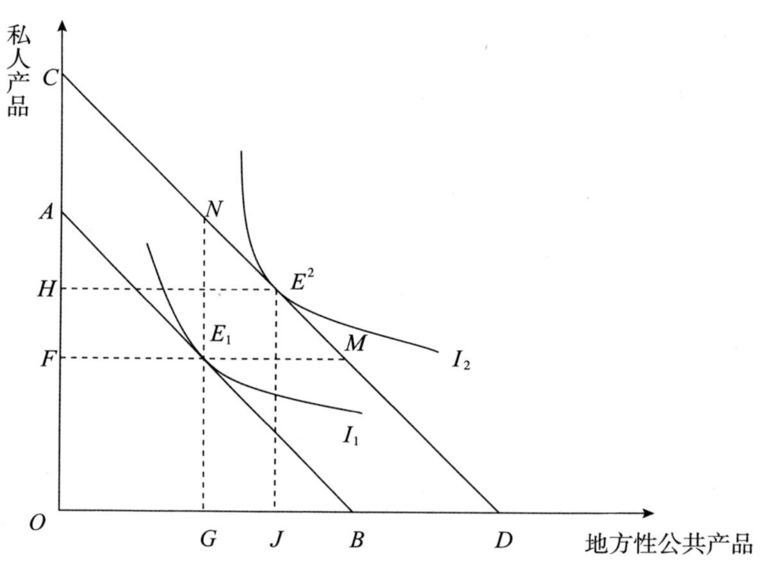

图 2 - 1　无条件政府间财政转移支付的效应

（1）无条件拨款具有收入效应，可以在不改变私人产品与公共产品相对价格的条件下增加公共产品与私人产品的需求量。该地区地方性公共产品的消费量与接受拨款前相比提高了 *GJ*，私人产品的消费量较之前也提高了 *FH*。

（2）无条件拨款会使地方性公共产品的支出增加一定额度，但由于一部分补助资金向私人产品转移具有“漏出效应”，增加额一般小于中央政府的拨款额。即给予地方政府的无条件拨款所具有的收入效应使拨款的一部分流向私人产品的生产和消费，地方财政在公共产品上的支出增加额小于中央政府的拨款额。

这种漏出是通过降低地方税收的方式来实现的。从图 2－1 中可看到，在接受了拨款后私人产品的消费从 *OF* 增加到 *OH*，但该地区居民所支付的税收却从 *FA* 降低到 *HA*，降低量为 *FH*，地方税总体税率也就从 *FA/OA* 下降到 *HA/OA*。这表明无条件拨款降低了地方政府对地方税的征收积极性。这种对地方政府的转移支付转化为对私人产品消费的增加是通过减少地方政府税收实现的。

政府间转移支付资金漏出的程度，可以用均衡点 E_2 在线段 *MN* 上的具体位置来表示。当点 E_2 越靠近 *M* 点时，政府间转移支付会导致该地区提供数量更多的地方性公共产品，此时拨款漏入到私人部门的程度就越低；当点 E_2 越靠近 *N* 点时，拨款会较多地增加私人产品的提供，此时拨款漏入私人部门的程度比较高。

（3）无条件拨款一般不会改变地方财政的偏好，不直接干预地方财政的决策内容。

（4）无条件拨款主要用于弥补地方财政缺口与均衡地方财政地位。

2. 有条件非配套性拨款的经济效应

有条件非配套转移支付为地方提供了一定额度的资金却不要求地方政府提供相应的配套资金，只要求条件性非配套转移支付用于某一特定目的或用途。在初始条件不变的情况下，在收到这种转移支付（AE_2）后，图 2－2 的预算线从 *AA′* 转移到 AE_2C，在新的预算线上至少能获得 *OH* 单位的辅助性公共产品。

3. 有限额配套性拨款的经济效应

作为补助提供方的政府通常更加偏向于有限额配套转移支付，因为在这种情况下只需要提供有限的资金，这种转移支付更能使他们保留对预算资金的控制权。图 2－3 表明了有限额配套补助对地方预算的影响。*AA′* 为起始的预算线，在某种支出限制下，预算线就变成了 *ACB*，上级政府在 *CB*

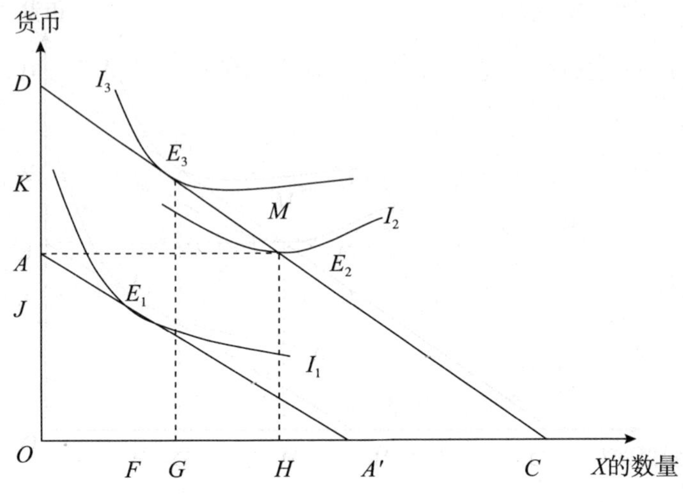

图 2－2　有条件非配套性拨款的效应分析

段提供的配套资金比例不再按照 AC 段比例提供。在达到新的均衡点 E_2 后，接受补助产品的消费量介于没有补助时的消费量与无限额配套性转移支付时的消费量之间。因此，有限额配套性转移支付的经济效应特点如下：①在拨款用完后，对受补助产品消费的刺激作用不复存在；②上级政府更加便于控制预算；③最高限额高于受补助产品消费时将就失去应有的作用。经验研究表明，有限额配套转移支付比无限额转移支付更能刺激受补助项目的支出。

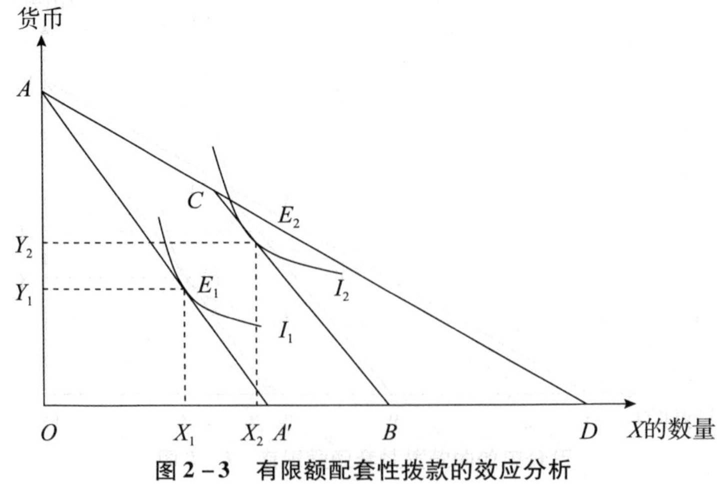

图 2－3　有限额配套性拨款的效应分析

4. 无限额配套性拨款的经济效应

无限额配套转移支付在配套资金方面没有进行限制，它非常适合于纠正在公共产品提供方面出现的外溢性或外部性时的无效率问题。当一个地方政府出钱提供的服务使得其他没有出钱的地方政府也受益时，就出现了效益外溢。由于提供方政府承担了项目的所有成本而只得到部分收益，提供方政府就倾向于提供不充分的服务。如果受到影响的地区不与提供方政府协商，那么更高层级的政府会为该服务提供一定的补贴，就能使这一问题得到解决。在这种情况下，外溢程度决定了补贴的额度或配套的比率。

从图2－4可以看出，如果引入一笔配套率为$A'B'/OB'$的配套的转移支付，前提是地方政府面临的初始条件不变，则预算线变为AB'，达到新的均衡点E_2；如果引入一笔配套率为$A'D/OD$的配套的转移支付，预算线转移至AD，达到新的均衡点E_3。连接A、E_1、E_2、E_3四个点后得到价格消费线PCC。PCC上的最低点是均衡点E_2点，X在E_2的左边需求弹性较大，转移支付的增加将减少对其他项目的支出，增加受补助方自己的资金用于项目的支出。反之亦然。这种形式的拨款额最终取决于受补助方的行为。

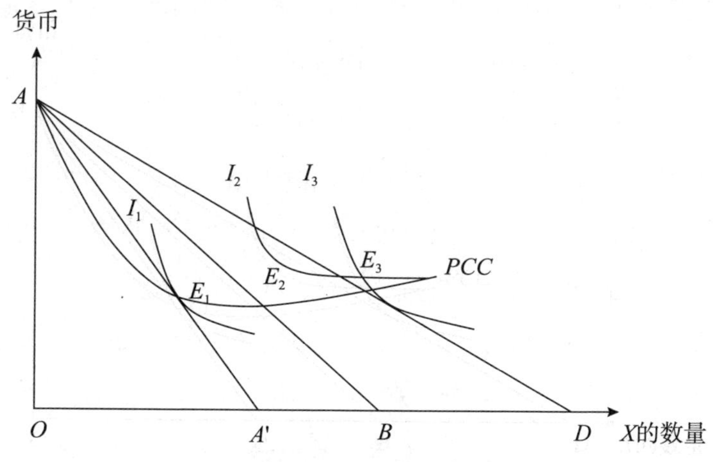

图2－4　无限额配套性拨款的效应分析

因此，无限额配套性转移支付的经济效应具有以下几个特点：①有利于减少地方税，提高地方的社会福利；②具有两种效应，即收入效应和替代效应；③可以解决由外溢性带来的无效率问题。

综上所述，选择不同类型的转移支付方式将会对地方财政产生不同的经济效应。因此，中央财政在实施特定目的和意图的政府间转移支付时，必须要将政府间转移支付的运用与转移支付自身特点和经济社会的具体情况密切结合起来。

2.1.4 转移支付的目标

1. 转移支付的宏观政策目标

（1）短期宏观政策目标。政府间转移支付是财政体制中很重要的一个组成部分，其短期直接宏观政策目标就是财政均等化。财政均等化即财政能力均等化。众所周知，分税制改革提高了中央财政收入占全国财政收入的比重，造成中央政府与地方政府间财政收支的不对称不均衡，地方政府在公共产品及服务的提供能力上存在较大差异。差异的存在必然出现经济欠发达地区的基本公共服务供给不足的现象。中央财政要想达到各地区提供水平相当的公共产品和服务的目标，首先要使各地区具备提供均等化的公共服务和水平的财政能力，即达到各地区财政能力均等化。

①财政均等化的实现有利于资源配置效率的提高。由于边际效用递减，相同财力分配到经济基础不同的地区会产生不同的效用，显而易见，分配给财力不足的地区以供当地提供公共产品和服务会产生更大的效用。一方面，增加对财力不足地区的转移支付后不仅能够解决该地区提供基本公共服务的资金缺口，还能减轻财力充裕地区的负担。在财力充裕地区公共产品及服务提供水平不变的情况下，改善财力不足地区的公共服务提供能力将会出现帕累托改进，实现整个社会福利的最大化。另一方面，不管

是财力充裕地区还是财力不足地区都有可能放弃提高财政资源的使用效率，财力充裕地区由于预算约束较松而怠于支出管理，而财力相对不足地区则由于没有足够的财源而“破罐子破摔”放弃改善的动力。财政均等化的实现正是可以通过改变财政资源配置而提高其使用效率。

②财政均等化的实现有利于实现国家政治目标。实现财政均等化所解决的不仅仅是解决资源配置效率，除了经济效应以外，一个科学合理的转移支付制度能够在不损害效率的前提下，促进社会公平，有效防止社会动荡，加强地区间的团结，强化国家的凝聚力，实现社会政治目标。

（2）长期宏观政策目标——基本公共服务均等化。

①基本公共服务均等化的内涵。关于基本公共服务均等化的内涵，国内不同的学者对此有不同的解释。贾康（2006）认为，“严格意义上的公共服务均等化指的是向全国各地的居民提供在使用价值形态上的大体相同水平的公共服务”。常修泽（2007）认为，“基本公共服务均等化就是全体公民享有基本公共服务的机会和原则应该均等；全体公民享有基本公共服务的结果应该均等；在提供大体均等的基本公共服务的过程中，尊重社会成员的自由选择权”。刘尚希（2007）认为，“基本公共服务均等化的目标就是促进居民消费的平等化，公共服务均等化的制度设计应围绕基本消费平等化而展开”。

对于如何实现基本公共服务均等化问题，国内学者也作了一定的探讨。胡祖才（2010）认为，由于我国人口多与发展很不平衡的基本国情，推进基本公共服务均等化必须坚持保基本、广覆盖、可持续的基本原则，遵循保基本、强基层、建机制的基本路径，将其作为一项长期任务既尽力而为又量力而行。规范政府事权与财权、平衡纵向与横向财政关系的研究相对较多（中国社会科学院财政与贸易经济研究所，2004；中国基层政府财政改革课题组，2006；卢洪友，龚锋，2007），而如何衡量、评价公共产品供给均等化，如何确立合意的均等化目标下的转移支付办法等，相关研究还不够全面深入。若从财政分权角度看分权下的地方政府能否有效地提供非经济性公共产品，研究发现财政分权显著降低了基础教育和城市公用设施的供给，但是中央政府的向下转移支付促进了非经济性公共品的供给。徐现祥，等（2010），卢洪友，等（2011），林江，等（2011）综合财政分权与政治晋升激励等制度因素，研究发现分权体制下中国官员的政治晋升激励，会激励地方政府更多地以促进基础设施建设的方式提高地方投资率，而忽视基础性公共服务（诸如基础教育等）的供给，并且该激励效应存在明显的地区差异。此外，卢洪友（2010），王伟同（2009）认为“依附于城乡二元经济结构的公共服务城乡二元供给体制是造成中国基本公共服务城乡严重不均等的重要财政制度原因，因此从收支两个源头统筹城乡公共产品供给是实现基本公共服务均等化的重要途径”。尹恒，等（2009），谷成（2010），龚锋、卢洪友（2010）从转移支付制度角度间接研究了纵向转移支付对地方公共品供给的影响，认为转移支付制度应该使基本公共服务的财政需求得到客观的补偿，但是中国现行的转移支付制度的均等化效应并非有效。

由上述研究可知，国内学者对基本公共服务均等化的内涵的解释存在差异，但对基本公共服务的基本认识是一致的。即基本公共服务具有公益性、平等性、非营利性的特点。

②转移支付的长远目标是实现基本公共服务均等化。由于公共产品及服务具有非排他性或非竞争性，政府有责任提供该类产品和服务。从我国发展阶段来看，基础设施支出及社会保障支出等需求大幅增长，财政支出规模增长高于 GDP（国内生产总值）的增速，相应的财政支出结构也应更多向教育、卫生、就业、社会保障、生态环境、公共基础设施、公共安全等民生领域倾斜。

党的十六届三中全会提出了“逐步实现基本公共服务均等化”的明确要求。党的十八大明确把“基本公共服务均等化总体实现”作为全面建成小康社会的目标之一。党的十八届三中全会报告再次提出“推进基本公共服务均等化”的目标。可以看出，政府间转移支付的长远目标应定位于实现全国范围内基本公共服务的均等化，这也应该是我国转移支付制度改革和完善的方向。

2. 转移支付的设计机制目标

政府间转移支付在提高财政资源配置效率的同时，可能造成政府间财力的横向不平衡及纵向不平衡，导致不同地区间居民享受的公共服务水平存在差异。为了实现区域协调均衡发展，中央政府需根据既定的政策目标，设计出完善的转移支付运行机制来解决政府间财政纵向及横向的不均衡问题。

（1）解决政府间财政纵向不均衡。纵向财政缺口和纵向财政不平衡在近年有关财政分权的文献中经常被混用。纵向财政缺口是由收入和支出需求之间的不匹配引起的，尤其是在较低层级的政府。中央政府有更多的财政收入来履行其直接和间接的支出责任，而地方政府的收入相比他们的支出责任则要少。

当纵向财政缺口无法通过支出责任的重新划分或财政转移支付或其他办法来完全解决时，就出现了纵向财政不平衡。所谓政府间财政纵向不平衡或者说纵向财政缺口是必然存在的，它是指由于中央政府在初次分配中占有较大份额，而地方却承担与收入份额不对称的的支出责任所形成的地方财政赤字，这种赤字要靠中央通过转移支付形式予以弥补。

引起纵向财政缺口的原因主要有四个：支出责任的不合理划分、征税权的集中化、地方政府损人利己的税收政策（即浪费性的税收竞争）、中央政府给地方政府带来的较重的税收负担使地方政府缺乏征税空间。税种属性决定了中央政府在初次分配中占有较大份额。总体来说，税种税基流动性强、地区间分布不均衡、年度间波动较大、收入再分配或调控功能较强的税种适合由中央统一征收，划为中央收入较为适宜。另外，为了使市场正常配置资源，防止区域封锁和统一市场的形成，上级政府有责任动用中央财力帮助落后的下级政府及相应地区，促进资源合理流动和国内统一市场的运作效率。

为了解决纵向财政缺口问题，最重要的是通过政策组合，如责任的重新划分、税收分权、中央对地方的税收返还、税基分享（允许地方政府对中央税基征收补充性税收）来对纵向财政缺口的源头进行控制。税收分享或一般性转移支付只能作为最后的手段运用。在解决纵向财政缺口方面，以上的所有方法都会降低地方政府征税的积极性。在工业化国家，纵向财政缺口通常是通过税收分权或税基分享来解决的。加拿大和北欧国家通过允许中央政府为地方政府提供减税和地方政府对中央税基征收补充性税款来实现个人所得税和公司所得税的平衡。在发展中国家和转型经济国家中，税收分享和一般性收入分享（即一般性转移支付）是解决纵向财力缺口的典型方法。

在很多国家，如印度、马来西亚、巴基斯坦、南非和斯里兰卡等，过去都提供了赤字补助，以弥补地方政府的财政缺口，但带来的不良后果却是地方政府的赤字迅速增加。这种类型的转移支付在匈牙利和南非依然很盛行。

（2）解决政府间横向不均衡。弥补政府间横向财政缺口的目标是保证各地区间具有大体均衡的最低公共服务保障水平，而不是解决地区间的经济发展水平的不平衡问题。这种横向公平不仅是公平问题，而且涉及效率问题。一旦不同地区之间的公共服务水平差距过大，就会发生人口向公共服务水平高的富裕地区的非正常流动而导致资源配置的效率损失。在一个国家内的不同地区之间，由于各地所拥有的自然资源禀赋不同，财源分布不均匀，加上经济发展水平与人口密度不同等因素，各地的税基和可征税潜力存在较大差异，具体在财政上的表现为经济发达地区与欠发达地区财政状况苦乐不均。欠发达地区面临更大的支出需求。进一步说，由于各地方政府之间的财政净利益存在较大的差异。这种差异必然导致经济欠发达地区在同样的税收努力（即同样有效的税率）下无法提供与经济发达地区所能提供的同样质量和水平的公共服务。而由于这些差异常常是由地方政府不可控制的因素（地理气候条件、人口密度结构等）引起的。为了实现公共服务均等化，地区间公共产品和公共服务水平的差异理应由中央政府采取自上而下的转移支付的办法来解决，保证经济欠发达地区具有为本地居民提供达到最低公共服务标准的公共服务提供能力，实现政府间横向财政平衡的目标。

财政均等性转移支付被提倡用来解决地区间财政的均等问题。从政治和经济角度来看这种转移支付是合理的。大地区的财政差距大，可能造成政治上的分化，甚至会带来分裂的威胁［尚卡尔（Shankar），沙阿（Shah），2003］。

根据公民居住地区的财力水平，决策分权能给公民带来不同的净财政收益（公共支出减去税收负担后所得的收益估算）。这就导致了在资源分配中的财力不平等和财政效率低下。当采取不同方式对待不同地区收入相同的居民时，就出现了财政不公平。资源分配中的财政效率低下是由于居民在搬迁过程中对新居住地的总收入（个人收入加上公共服务的净福利减去搬迁成本）的比较而产生的。经济的效率要求只考虑对比个人收入减去搬迁成本后所得的净收入，而不考虑任何公共产品所带来的福利水平。一个国家在评价国家的横向公平（在全国范围内对所有公民一视同仁）和财政效率时，需要纠正由政府分权所带来的不平等和低效率问题。那么中央政府对地方政府的转移支付能消除地方政府在净财政收入方面的不均等状况。税收体系分权的程度越高，就越需要均等化的转移支付。

地方净财政收入的不均等需要采取全方位的财政均等化措施来解决，使得各地的财力（按照国家平均税率从自有资源中征税的能力）能到达全国的平均水平，同时也要求对不同的支出要求和其内在的成本进行弥补。

（3）矫正辖区间外溢。外溢性（包括受益和受损）作为公共产品的一种突出特征，广泛存在于各级政府的公共服务供给中，尤其在地方性公共服务供给中明显。严格讲，地方性公共产品的受益（受损）范围不可能恰好被限定在地方政府的辖区之内，这就意味着可能有两种情况：第一种是地方性公共产品的受益或受损范围也许尚未达到地方政府辖区的界限，从而显示出公共产品数量不足或质量不佳的问题；第二种是地方性公共产品受益或受损范围可能超出地方政府辖区的界限，使其他地区在受益或受损的同时并不承担任何成本。

对于地方政府来说，在外溢性和成本自担两种因素的共同作用下，其提供公共产品时所采取的政策便容易产生某种程度的扭曲和偏差，具体表现为：当存在正外溢性时，基于本地利益考虑，可能高估提供公共产品的成本，而低估其整体效益，并囿于自身的财政实力，减少此类公共产品的供给数量；与此相反，当公共产品具有负外溢性时，则容易高估该公共产品的正效益，低估或者忽视提供该公共产品的成本，从而使此类公共产品继续存在甚至有所增加。这种扭曲性政策的实施，不仅影响着地方性公共产品的提供和本地区及相关地区居民的利益，而且也不利于地区间经济关系的协调。在这种情况下，由中央政府提供一套资金不封顶的配套转移支付制度，对具有外溢性公共产品的提供进行适当调节，是一种较为有效的解决方式。①

（4）促进区位效率。区位效率反映的是国内统一市场的运作效率。区位效率的实现要求清除各种人为的超市场的区位壁垒和地方保护主义，

① 马海涛，姜爱华，等．政府间财政转移支付制度［M］．北京：经济科学出版社，2010.

在正常的市场价格引导下，使生产要素特别是资本和劳动力在辖区间自由流动，以获取最大的经济效率和经济效效益。当市场价格机制由于超市场力量（如辖区间的差别税收）而受到干扰时，就会发出扭曲的价格信号，导致要素的流向和流量出现偏差，进而造成区位上的低效率和不公平等社会经济问题。

另外，辖区间净财政利益的差异干扰资本和其他生产要素的区际间流动，损害国内统一市场的运作效率。净财政利益也称为财政剩余，系指个人从公共服务中受益与居民基础税之间的差额，用公式表示为：

净财政利益 = 个人从公共服务中的受益 − 居民基础税

居民基础税是指税收负担最终归宿于本辖区居民的税。一个辖区总的居民基础税等于其全部税收收减资源基础税和税负输出，用公式则表示为：

居民基础税 = 本辖区全部税收 − （资源基础税 + 税负输出）

一个拥有大量资源基础税和较高税负输出能力的辖区，能够以较低的个人税率得到给定水平的公共服务，因而产生比其他辖区更高的净财政利益。辖区间净财政利益的差别导致资产和劳动力由相对更高生产力的辖区向生产力更低的辖区转移，造成区位效率损失。

造成辖区净财政利益差异的因素是多方面的。自然资源分布的不均匀、收入水平和公共服务单位成本的区际差异、收入水平和公共服务成本的区际差异以及资源在不同人口结构中形成的公共支出需求的区际差异等都是导致净财政利益区际禅意的因素。

如果区际净财政利益差异不加以纠正，就会产生非市场因素（区际差别税收和公共支出等财政因素）的干扰，造成个人和企业在区位选择上的扭曲，使大量生产要素更多地向富裕地区转移，由此进一步加剧区际间的不平衡，最终损害整体效率和社会公平。因此，解决区际间财政利益差异的途径包括：一是实行有较多集权成分的政府间支出划分模式，以最大限度地减少因财政因素造成的区际差异；二是通过政府间的转移支付来缩小各辖区间在财政利益上的差异，从而在促进效率和公平方面发挥积极作用。①

（5）实现特定政策目标。对于一些投资高，风险大，地方政府不仅无力承担且本身缺乏投资兴趣的大型公共支出项目或国民经济主干工程，由于中央政府直接投资又不符合成本—效益核算，在这种情况下，就需要中央政府通过特殊的转移支付给予一部分或全部资金用于对项目工程建设进行支持。

2.1.5 转移支付资金分配方法

政府利用转移支付手段解决地区间财力不均问题，实现宏观经济目标。但合理的转移支付分配方法尤为重要，分配方法的科学性、合理性直接影响了转移支付的效果，影响着政府引导意图的实现与否。因此，在确定适当的转移支付形式后，还需配套科学的转移支付分配依据和测算体系与之相适应。分配依据和测算体系是转移支付制度的核心内容，完善与否直接影响转移支付的效率和效果。目前转移支付分配主要有两种方法，即基数法和因素法。基数法是指根据社会经济发展情况以及财政可承受度等，在上一年度基础上决定下一年度的转移支付额度；因素法是指依据转移支付的目标，综合测算、分析影响某一地区的财政收入能力和财政支出需求的各种因素，并以此作为确定对该地区转移支付额度的依据。

按照基数法确定转移支付不考虑各地区的收入能力和支出需求的客观差异，缺乏客观标准，而因素法对影响某一地区财政收入与支出需求的各

---

① 马海涛，姜爱华，等．政府间财政转移支付制度［M］．北京：经济科学出版社，2010.

种因素综合地加以测算和分析，比较客观公正。目前，国际上通用的因素法一般选取不易受主观因素影响的、能反映各地收入能力和支出需求的客观性因素。一方面分析地方政府财政收入能力。如人口数量、人口密度、地方收入、人均GDP、城市化程度以及税制、税基等税制要素等，以此确定各地的转移支付额。另一方面，分析地方财政支出需求。各地区的财政支出需求因各地对公共产品的需求程度及提供公共产品的成本差异而不同。具体可以选取人口密度、年龄结构及城市化程度等因素进行分析。同时应考虑自然条件和经济发展程度等因素对支出需求产生的影响。通过综合考虑地方财政收入能力与支出需求，可以看出某地区的财政自给率，将其作为转移支付的基础估算补助金数量。目前，许多国家如美国、日本、澳大利亚、德国、加拿大等国大都采用因素法核定标准财政收入、标准财政支出及其他参数，以此为基础来均衡地方财力，减少人为因素的干扰和影响，降低转移支付的盲目性和随意性。

2.1.6 转移支付的分配程序

转移支付作为财力在各层级政府之间的纵向和横向的转移，其分配在财政预算的框架内经过预算编制——预算审批——预算执行的程序完成，当然在具体的分配上各国因其财政体制、立法机关、转移支付形式等的不同也有所差异。与世界上一些发达国家纵向和横向相结合的转移支付体制不同，我国一直采用单一的纵向逐级传递式的转移支付模式。我国的转移支付资金预算编制由财政部门逐级编制，并通过各级人民代表大会审议通过进入预算分配过程，其执行则根据预算编制将转移支付资金拨付到各部门具体执行。

在现行的转移支付分配过程中，由于法律、规章制度的不完善和严肃性不够，存在转移支付的预算不够透明、各层级政府间预算时间上衔接不好、突击花钱等不合理现象。因此，我国转移支付资金的分配程序特别要注重其预算编制，其编制过程应当体现：第一，预算编制程序的开放性。转移支付预算编制过程应当开放，即社会公众有途径了解转移支付财力来源、规模和要求等信息，以便于其参与到预算编制过程中；转移支付在人大审议通过后应当公开，特别是专项转移支付预算的公开尤为必要，以便符合条件的市场主体参与项目申请和开展项目预算，同时也体现公平性和正当性；转移支付预算的公开也便于社会对预算执行的监督。第二，转移支付预算编制的时间对接要求。由于纵向的逐级传递模式，上一级的转移支付资金形成下一级的预算资金部分来源，因此在预算的编制和审批上应该加强层级政府之间预算程序时间上的衔接。第三，预算执行效率要求。目前我国的很多预算资金往往形成在第四季度无效率的“突击花钱”的现象，这也很大程度上说明了我国预算执行的弊端。由此，在预算的执行上应该采取一些措施吧项目实施的进度与预算进行结合，例如，限定专项项目的实施在第三季度前要完成75%以上的拨款进度，这样可以避免专项转移支付项目资金的过多结转，提高资金的使用效率。第四，加强分配程序的严肃性。专项转移支付预算在实施中因故需要调整的，在报经人大常委会批准后应当及时公布。①

2.2 政府间转移支付相关理论

2.2.1 公共财政理论

1. 公共产品理论

经济学将社会物品划分为私人产品和公共产品。经济学家萨缪尔森最早提出公共产品的概念，他认为“任何人对于公共产品的消费都不会引起

---

① 马海涛，姜爱华，等．政府间财政转移支付制度［M］．北京：经济科学出版社，2010.

他人对其消费的减少”。也就是说，公共产品具有非竞争性和非排他性的特征。非排他性指人和人消费公共产品都不能排除不付费的消费者同时对他进行消费。公共产品的非排他性使得私人不可能介入公共产品的提供过程，否则会形成“搭便车”现象，坐享公共产品带来的利益，却不用因此而付费。非竞争性指：一方面，公共产品只能由国家而非其他社会成员“垄断式”提供公共产品；另一方面，提供成本不会随消费者数量的增加而增加。

根据排他性和竞争性，社会产品可以分为三类：一是兼具排他性和竞争性的私人产品；二是不具竞争性也不具排他性的公共产品；三是混合产品或准公共产品。混合产品或准公共产品又分为两类：一种是具有排他性没有竞争性的可收费产品，即俱乐部产品，如收费公路、公共交通工具等；另一种是具有竞争性没有排他性的公共池塘资源，即公共资源。

市场和政府不同的运行机制决定了纯公共产品一般由政府来提供，私人物品由市场来提供。准公共产品兼具公共产品和私人产品的部分性质，可以采取市场提供和政府提供的混合供给方式，具体包括政府授权经营、政府参股、政府帮助等形式。落后地区往往缺乏充足的资金来履行提供公共服务的职能，接受转移支付的地方政府一般将资金用于公共产品或准公共产品的提供。

2. 外部性理论

公共产品正是因为具有外部性才称其为公共产品，外部性理论与公共产品理论具备内在联系。外部性又称外部经济效应（Externality），可分为正的外部性和负的外部性两种。在市场经济条件下，地方政府既是地方公共服务的提供者，也是一级利益主体，地方政府的行为同样会受到外部环境的影响。地方公共服务具有正外部性。当外部因素存在时，地方政府满足地方公共需要的行为便容易产生某种程度的“扭曲”。例如，跨地区的大江、大河的治理，上游治理，中游、下游受益。上游地方政府不会自觉地用自己的预算对本地区的工程予以补贴，因为其治理的正外部性也被中下游地区享受到了，而中下游政府却没有为之付出相应的成本。这时候便需要中央政府或上一级政府对江河治理工程进行财政补贴。否则，有可能需要通过调整地方政府的行政管辖范围来解决这一矛盾。可见，如果没有中央宏观调控，某种程度上公共物品的外部性会导致治理江河工程的上游地区总是处于“为他人做嫁衣”的境地。因此，在区域发展不平衡的国家，转移支付的财政政策总是财政体制的重要组成部分。但问题是，地方政府的行政管辖范围不是随便能调整的，另外，受益区域和受益程度也很难清晰界定。正是因为公共产品的外部性的存在，破坏了公共产品有效提供的成本与收益相对称的原则，这可能会扭曲地方政府的行为，从而导致地方性公共产品的提供达不到最优状态。考虑到此类情况的外溢性，原则上应由中央政府通过转移支付，根据外溢收益和本地区收益的比例来弥补地方政府的外溢收益的成本。由于地方政府提供的公共产品所生产的正效应不可能控制在所辖范围之内，对这种公共产品地方政府没有积极性，导致这类公共产品供给不足，甚至影响和束缚了整体经济发展。在这种情况下最有效的办法就是实行专项转移支付，由中央和地方共同承担外溢性公共产品的提供。从实践来看，当转移支付的目的在于鼓励地方政府提供某种对其他地区具有外溢性的公共产品时，专项转移支付也是最有效应的，因为一般性和均衡性转移支付只能满足地方政府所辖区域内的公共产品，提高自辖区的水平，而不愿提供有利于辖区外的公共产品，更不会提供多辖区之内的公共产品，这样的公共产品和公共服务只有通过专项转移支付解决。

3. 社会公平理论

美国当代著名政治哲学家罗尔斯（John Rawls）著有《正义论》（*A Theory Of Justice*）一书，在该书中他提出了著名的社会公平理论，即“正义即公平”理论，罗尔斯从公平正义入手，系统地论证了自由与公平、机会与结果等问题。罗尔斯的《正义论》所研究的社会正义问题涉及领域广泛，而这些领域的问题又关系到每个人的切身利益。他提出的两个正义原则（即平等自由原则、差异原则和机会均等原则）至今仍颇具影响。

《联合国人权宣言》提倡“人人生而自由，在尊严和权利上一律平等”。这与西方财政研究者对公平的讨论与最基本的公平概念的含义是一致的。在一些联邦制国家，财政责任分权给地方，因而转移支付是必要的。财政支出和收益的分权必然导致地区之间不同的财力，使得不同地区在提供具有可比性的公共服务的情况下，会造成很大的税率差异。因为如下两个原因，为了提供一定水平的公共服务，不同地区需要不等量的人均支出：第一，地区之间人口结构不同，需要提供不同的公共服务以满足特定人口需求（例如，学龄儿童、老年人口、体弱多病者、残疾人、失业者）。第二，提供特定水平公共服务的成本有差异，主要是因为工资成本、交通成本、人口密度以及不同地区的其他不同相关因素。就财政收入来说，地区之间不同的人均税基决定了要提供具有可比性的公共服务一般需要不同的税率。经济落后地区人们同样需要享受义务教育、医疗、就业等基本公共服务。转移支付的目标和作用正是通过不同地区区别对待并在需要时补偿的方式来实现国家全体公民同样享受均等化的基本公共服务。

2.2.2 财政分权理论

1. 施蒂格勒的最优分权理论

施蒂格勒（George J. Stigler）不否定中央政府的作用，但他认为地方政府在某种程度上无疑比中央政府更了解当地居民对公共产品的需求和偏好，而当地居民有自己选择其所需公共产品和服务的权利，因此他认为公共产品的提供应该通过最贴近居民的基层政府来进行。

2. **夏普的“依政府职能分权”理论**

美国经济学家夏普（Sharp）也认为地区消费者有权利选择自己所需的公共产品和服务，但夏普同样肯定了不同层级政府各自的不同职能以及它们之间相互不可替代的作用，他认为各级政府间职责划分应明晰，划分原则是将职责划分给最适合执行它的政府层级，根据职责划分再来划分各自的财政管理权限，而宏观调控以及社会福利分配的职能应由中央政府来执行。

3. **埃克斯坦的“接受益范围分权”理论**

美国学者埃克斯坦（Echesten）提出了著名的按照收益原则来划分中央及地方财权的理论，明确提出全国范围内惠及全体国民的公共产品理应由中央政府来提供，而只是惠及某一区域的公共产品由当地政府来提供。但不排除一些公共产品虽只是惠及某一限定地区的居民，但其对整个社会和国家的发展至关重要，如义务教育、对经济落后地区的补助、重大灾害补助等中央政府也应该承担。

4. **特里西的“偏好误识”理论**

美国经济学家特里西（Richard W. Tresch）提出的“偏好误识”理论不同于以往的分权理论。先前分权理论的假定前提是中央政府是一个全能全知的贤人政府，其对全体公民的消费偏好认识无误且拥有所有适当的政策工具。因此，当地区之间发生冲突时只需由中央政府出面调停即可解决。得出地方政府再无分权的必要性，只需要依照中央政府指令办事即可实现公共产品提供的最优化的结论。求其问题根源，特里西指出这是因为中央政府与地方政府所管辖的居民之间相去甚远，距离越远，信息传递的不确定性越大，因此理论上就要求由地方自治来实现社会福利的最大化。

5. **蒂布特的“用脚投票”理论**

蒂布特（C. M. Tiebout）提出“用脚投票”理论，指出居民倾向于流入某一地方政府的周围的原因，是他们意图在全国寻找地方政府提供的公共产品与其所课征税收之间的一种对自己来说效用达到最大化的最优组合。如果全体公民能自行进行选择就会促使地方政府相互竞争，力争在公共服务和税收成本的组合上为居民提供不同的选择，以达到整个社会福利最大化。具有相同偏好的居民集合反过来也会降低本地区公共产品提供成本。可见，蒂布特的“用脚投票”理论实际上是用完全竞争的市场理论阐述了地方公共产品的提供问题。

2.2.3 政府间财政关系理论

1. 政府职责划分模式

政府间职责划分要受到政治、经济、历史文化等多种因素的影响，其中政体模式和经济管理体制最为重要，如果不考虑各国政府间职责划分的具体差异，政府间职责根据政体不同可划分为单一制和联邦制两种基本模式。从现代宪法学的观点来看，单一制和联邦制不过是统一的主权国家在内部纵向分配国家权力的两种具体模式。

单一制国家中央政府和地方政府在权力划分上的特点是：单一制国家中，中央与地方之间不存在权力分立问题；地方不具备联邦制国家中的州那样大的权力，更不具备在某些方面可以和中央分庭抗礼的权力。联邦制国家中央政府和地方政府在权力划分上的特征是：一是中央和各地方政府在法律关系上互不从属，各地方政府在法律规定的范围内相互平等；二是明确划分中央政府与各地方政府的权力，中央政府与地方政府都直接对国民负责，每一个国民都隶属于两个政府；三是中央政府与各地方政府在宪法规定的事务上相互协调与合作。

2. 政府间事权划分

对于事权划分方式，市场经济国家一般的做法有三种：第一种是中央列举法。即除宪法等法律单独列明的中央或联邦政府的事权以外，其余事务均属地方事权。按照这一划分方式的代表国家是美国、日本等，其特点是地方承担了较多的事权。第二种是共同列举法。即法律中既规定了中央或联邦事权，同时也规定了地方事权，剩余的未规定到的事权则依据事务属性确定其归属，典型国家是加拿大。第三种是中央推定法。即宪法等法律规定了地方事权，而剩余的未规定的事权就算做是中央事权。这种情况下中央事权较多，代表国家是南非。

从成熟市场经济国家的实践看，对事权的具体划分主要是：中央政府主要承担国防、外交、国际贸易、货币、全国性立法和司法等事务；地方政府主要承担交通、教育、卫生、治安、消防、社会福利等职责。所不同的是，不同国家的中央政府介入地方事权的范围与程度不尽相同。

由于支出具有易于衡量的便利性，往往用支出责任反映和衡量事权，但实际上事权并不等同于支出责任。公共产品理论是政府间支出责任划分的理论基础。由于政治、历史、文化等特定国情不同，政府间支出责任在具体项目划分上也不同，不存在统一模式，但通常来说事权和支出责任划分遵循以下原则：

（1）受益范围原则。奥尔森（Olson）在 1969 年提出了著名的对等原则（Equivalence Principle），即当一类公共产品的受益范围恰好等于提供他的政府边界时达到效率最大化。

根据公共产品的特征、受益范围不同以及各级政府职责的不同，一般而言，全国性公共产品具有较强规模效益，应由中央政府负责提供。区域性公共产品应由中央和地方政府共同承担。地方性公共产品则由地方政府独立承担。但实际情况也并非完全如此，如中央政府也可能仅提供某一特定区域的公共产品，如给予受灾地区的救灾性补助和对落后地区的开发性补助等。

（2）适宜性原则。各级政府间的职能最适配置由各级政府的本质属性天然决定。出于国家主权与社会稳定的政策需要，国防、外交、货币、海关等与国家利益密切相关，受益范围惠及全体国民的公共服务，应由中央或联邦政府负责；而地方基础设施、消防等以特定区域的居民为服务对象，受益范围仅限于某一区域的服务项目，则由相关地方政府负责。

（3）效率原则。效率原则主要指的是由最适合提供服务的一级政府来处理地方行政事务，由于地方政府更了解本辖区内的居民需求，因交由地方政府处理具有能获得更高的行政效率而交给地方处理，相反，更适合中央处理的事务交由中央处理。根据不同层次的公共产品具有不同程度的外溢性，提供其的政府级次也不同。比如国防，其在区间的外溢性极强，需要由中央政府在全国范围内提供。如教育，与国防、外交等相比，其外溢性较小，火灾消防、路灯的外溢性依次减小，由地方政府提供这些收益外溢性小的公共产品，可以将外溢性控制在尽可能小的范围内，从而有利于公共产品的有效供应。蒂布特的“用脚投票”机制，也说明了地方政府负责供应地方公共产品所带来的效率较高。

（4）法制原则。各级政府支出责任通过法律形式明确加以界定，同时，支出责任的调整应按照一定的法律程序，保持稳定性、规范性。

3. 政府间收入划分

一般来说，税种属性是决定政府间收入划分的主要标准。无论是联邦制国家还是单一制国家，政府间事权划分的经济学原则是基本一致的，但鉴于税种划分不仅需要考虑经济原则，多数情况下还要考虑体制和历史因素。因此，也就是说政府间税权划分的理论不存在统一的指导原则，各国在税收权划分方面的做法差异较大。合理划分课税权的结果，必然形成课税权的相对集中。从国际大背景来看，对稳定政策重要性的认识结合着统一管理的考虑，也已导致课税权集中化的趋势，一般做法是：在所有的国家，体现国家主权的收入—关税都是划归中央，许多国家将一些流动性较强、地区间分布不均衡、年度间波动较大的税种由中央统一征收，另外一些收入再分配或调控功能较强的税种，也应划为中央收入。税基、税率决定及管理责任都放在中央政府一级。但是，实际上除了少数例外，大多数税种的部分课税权，仍有可能在地方一级适当运作，其中包括税基相当广阔的销售税、公司税和个人所得税，如以土地为课税对象的税基流动性差的税收收入等划为地方政府收入。收益与负担直接对应的收入如使用费等一般也划为地方政府收入。除此之外，还有一部分税种是几级政府共同征收的。

2.2.4 比较研究法和比较学相关理论

比较研究法指的是根据一定的标准，对比考察两个或两个以上有联系的事物，寻找其异同并试图探求普遍规律与特殊规律的方法。比较的过程追求“同中求异”“异中求同”。比较研究是一种有目的、有计划的认识活动，比较的对象以及比较某个对象的哪些方面都是根据研究的实际需要而决定的。比较研究这种思维方法，能够帮助人们更好地认识事物的本质及把握普遍规律。比较不可能面面俱到，比较研究往往是暂时有条件地撇开其他方面，有选择、有针对性地对某些事物的某些方面或某个方面进行考察。比较研究的最重要的一步是比较分析，指的是在对收集到的材料逐项按一定的标准进行比较，并分析其之所以产生差异的原因，并能够进行评价得出一些结论。

2.3 小结

本章首先重点分析了转移支付理论，界定了转移支付范畴和概念，分析了转移支付的类型及类型选择、经济效应、转移支付的目标等内容。关于转移支付的概念，国内外学者已有不少定义，本章主要对相关概念进行了梳理并总结出转移支付概念的共性。关于转移支付的类型，按照理论一般可划分为无条件的转移支付和有条件的转移支付两种，这点国际上是共通的，但在具体的类型选择上，不同国家之间有着不同的选择，因此需要更深入细致的对转移支付的属性进行分析。关于转移支付的效应问题，本章注意借助经济学的基本分析法，分析了几种转移支付类型具体的经济效应。关于转移支付的目标问题，应该说是转移支付理论的重点，转移支付实现的财政政策目标，包括近期政策目标和远期政策目标，另外还有机制性目标的实现：解决纵向不均衡、横向不均衡及中央特定政策目标。

然后分析了与转移支付密切相关的公共财政、财政分权等理论。这些理论是研究转移支付的基础和指南，从公共财政理论中可以看出，公共财政就是为了满足社会公共需要和实现社会公共利益最大化，为社会全体成员提供公共产品和服务的一种财政形态，它具有注重社会公平的特征。公共财政理论决定了转移支付改革和完善的方向，决定了转移支付要立足于基本公共服务领域，实现社会公平，促进社会和谐。从财政分权理论可以看出，财政分权理论也是转移支付制度发展的重要理论基础之一，因为财政分权的现状及发展趋势决定了转移支付的发展及完善。从政府间财政关系理论来看，政府间事权及支出责任的划分影响着转移支付的具体做法。了解一个国家的转移支付制度其很重要的一个制度背景便是它的政府间财政关系历史及现状。

3　中日转移支付实施背景比较

转移支付制度虽然在国际上普遍实行，但实施的背景各有不同，因而形成各国的不同特点。中日两国转移支付制度和社会经济改革大环境密切相关，不管是在市场经济高度发达的日本还是作为发展中国家的中国，不少重大经济社会制度的变革必然会影响到财政制度的安排。政府间转移支付制度也是反映政治经济体制改革诸多矛盾的一个焦点领域。所以，对中日转移支付制度的比较研究不能只局限在制度本身，而是要首先关注两国的具体国情，两国转移支付制度背景的比较是不可缺少的前提内容。

3.1　日本转移支付的实施背景

3.1.1　日本现行的国家结构形式

日本的行政权归于内阁、地方公共团体和中央各省厅。日本实行单一制的国家结构形式，实行中央、都道府县和市町村三级自治。其行政层级由中央、都道府县和市町村三级构成，分别相当于中国的中央政府；省、自治区和直辖市；市、县地方政府包括47个省级单位：1都（东京都）、1道（北海道）、2府（大阪府、京都府）和43个县。都、道、府、县是平行的一级行政区，直属中央政府，但各都、道、府、县都有自治权。每个都、道、府县下设若干个市、町、村。市町村亦是平行的一级行政区，拥有自治权。截至2001年1月26日，有47个都道府县，695个市，2186个町，566个村。进入21世纪，很多市町村进行和合并，截至2014年4月5日，有790个市，745个町，183个村，合计1718个市町村（含俄罗斯实际控制的6个村）。在东京都除了一般的市町村以外，还有构成首都东京核心部分的23个特别区。东京都特别区具有和市町村大致相同的行政职能。日本的行政区划如图3－1所示。

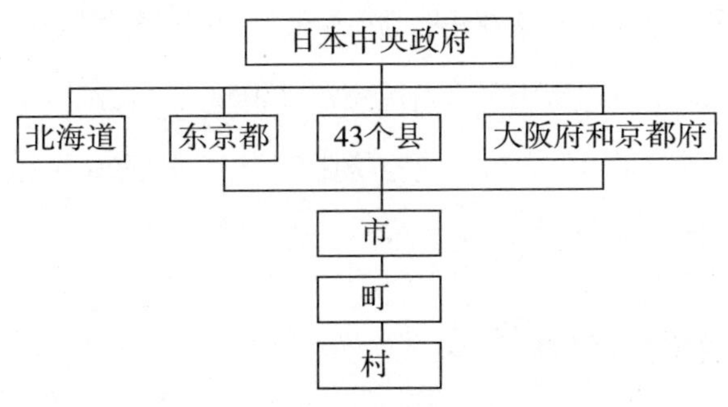

图3－1　日本的行政区划

日本国家最高行政机关为内阁，由内阁行使有关行政权并对国会负责，其由内阁总理大臣（首相）及其他国务大臣（分管各省厅）组成。内阁总理大臣由国会提名，天皇任命，其他国务大臣由首相任免，天皇认证。日本中央政府行政机构包括1府（内阁府）12省（厅）[总务省、法务省、外务省、财务省、文部科学省、厚生劳动省、农林水产省、经济产业省、国土交通省、环境省、防卫省、国家公安委员会（警察厅）]。

地方行政长官称为知事。根据日本宪法，都道府县实行地方自治。知事与总理大臣并无上下级隶属关系，知事和地方议会均由公民选举产生。都道府县作为地方自治体，享有相对的独立权。除外交、国防、司法等主要的国家行政事务以外，与国民日常生活紧密相关的教育、卫生保健、社会基础建设和地方治安等诸多事宜，均由地方自治体负责处理。日本的市町村中，部分市因人口较多，影响较大，而被指定为政令指定都市、中核市、特例市等，此外还有郡、支厅、区、特别区等行政单位。

3.1.2 日本现行财政体制

2013—2014 年，中央税与地方税总征收额预计 808446 亿日元。其中，中央税 450505 亿日元，地方税 357941 亿日元。中央税包括所得税 138980 亿日元，占全部中央税收的 30.8%；法人税 87140 亿日元，占 19.3%；消费税 106490 亿日元，占 23.6%；其他各税 117895 亿日元，占 26.3%。地方税包括个人居住税 118612 亿日元，占全部地方税收的 33.1%；地方法人税 65710 亿日元，占 18.4%；固定资产 85058 亿日元，占 23.8%；其他各税 61911 亿日元，占 17.3%。地方税中道府县税 156644 亿日元，市町村税 201297 亿日元。

3.1.3 日本政府间财政关系

有一种观点认为，在理顺了政府间财政关系、理顺了事权和支付责任的划分的理想状态下，转移支付就失去存在的必要。可见，研究转移支付必须将其置于政府间财政关系的框架下进行研究，因此，以下内容主要围绕中日两国政府间财政关系展开详细论述。

1. 日本中央与地方事权划分

从理论上看，公共产品理论是事权和支出责任配置的理论基础。全国范围的公共产品理应由中央政府承担。反之，地方性的公共产品就应由地方政府承担。但由于只有极少数的公共产品完全属于纯粹的全国范围公共产品或是纯粹的地方性公共产品，而大部分公共产品的属性没有明确的界限，介于两者之间，需要根据实际情况确定各级政府间的支出责任。单一制国家的中央政府相对集权是有其“历史惯性”的，如英国、法国。不过，尽管单一制国家中央集权程度可能大一些，但政府间的责任划分也很明确。日本也是一个典型的中央集权制国家，中央政府和地方政府（地方公团）的事权均由宪法统一规定，在中央集权下，地方各级政府具有相对独立性。

日本各级政府间事权划分依据原来是《地方自治法》中规定的“限制列举”方式，后经《地方自治法》修改后开始采用“概括授权”的方式划分。如义务教育在各级政府间的事权划分由《学校教育法》具体规定，规定初中教育为都道府县的事权，小学教育为市町村的事权。作为基层政府，市町村提供义务教育、社会福利、公共卫生、警察、消防、上下自来水管道、社会资本整备等和日常生活密切相关的广泛的基本公共服务。作为中间层政府，都道府县在地域上包含市町村，具有协调市町村和中央政府的职能。另外，都道府县提供的便利不是超过了市町村的界限，就是已经在都道府县内的市町村之间统一了标准的公共服务。有时候都道府县也有实施对市町村而言实施规模偏大的项目，或直接向市町村企业进行补助。

另外，如以事务实施主体为标准区分日本中央政府和地方公团事权划分现状，具体见表3－1。

表3－1　　　日本中央和地方公团事权划分一览表

	中央	都道府县	市町村
基本安全	司法、外交、货币 防卫 防灾	警察 防灾	消防 防灾
生活环境	地球环境保护	公害预防 产业废弃物	居民登记、户籍 上水道 公害预防 一般废弃物
福祉健康	健康保险、年金 医生、医药品	儿童福祉等 生活保护 地区保健 医院、药店	老人、残疾人、儿童福祉生活保护 国民健康保险、年金 地区保健

续 表

	中央	都道府县	市町村
教育	私立、公立大学 公立大学 教科书鉴定	私立学校 县立高中等 市町村立中小学教职员薪酬负担	市町村立中小学等
产业 劳动	经济、金融政策 贸易、关税 产业再生、业界指导 (中小企业对策) 职业介绍 劳动基准 职业能力开发	中小企业对策 商店街振兴 职业介绍 职业能力开发	(中小企业对策) (商店街振兴) 职业介绍
建设	国道(指定区间) 一级河川	国道(指定区间外)县道一级河川(指定区间) 二级河川 流域下水道 城市规划(区域区分) 建筑确认	市町村道 准用河川 公共下水道 城市规划(地区规划等) 建筑确认(特定行政厅)
农林 水产	粮食供需 国营土地改良 农地转用 国有林 保安林指定、解除(重要流域)	生产振兴 农民经营支援 县营土地改良 农地转用 县有林 保安林指定、解除(重要流域以外)	生产振兴 团体所营土地改良 农业委员会 市町村所有林
国土 交通 通信	水资源开发 能源 交通政策 信息、通信、广播	地区信息化	(地区信息化)

由表3－1可知，司法、外交、防卫、货币、经济金融政策、贸易、关税等属于地方自治法中规定的国家基本事务，由中央承担。健康保险、年金、国道等广域性质的社会资本建设、基础产业政策、粮食供需、能源、广域交通、通信、全国广播等属于地方自治法中规定的制定有全国统一标准的事务，也由中央政府承担。

另外，也有一些现在专门由地方政府承担的事权，但其部分权限仍保留在中央。如表中所示，超过4公顷的农地的转用等，实际的事务处理很多都在县级政府。

2. 日本中央与地方支出责任划分

在支出上，日本是典型的地方大政府。大部分事权集中在地方政府，相应的地方预算支出在全国预算支出总额中所占比重也较大。从最终支出规模来看，第二次世界大战后，日本中央财政支出一直保持在全国总支出的三分之一左右，地方财政支出保持在全国总支出的三分之二左右，结构较为稳定。近年来，由于国债还本付息支出的增加，导致中央支出的比重有所上升，支出结构比例接近3∶7，这意味着地方财政支出存在较大资金缺口。在日本目前全国财政支出中，中央除了负担全部的国防费及大部分公债费以外，其余财政支出项目的大部分都在地方政府。

第二次世界大战后，日本中央政府与地方政府的财政支出规模长期维持在7∶3左右，近些年来随着分权改革的实施等，这一比例变为6∶4。地方政府各项支出规模以2011年决算数字为依据：一般行政费支出中占80%；司法警察消防费支出中占77%；国土保全费支出中占72%；灾害恢复支出中占51%；国土开发支出中占72%；农林水产费支出中占34%；工商费支出中占54%；学校教育支出中占86%；社会教育支出中占75%；民生费（不包括年金）支出中占73%；民生费中的年金支出占 100%；卫生费支出中占 97%；住宅费支出中占 31%；公债费支出中占 40%。日本中央与地方公团间财权划分情况如图 3－2 所示。

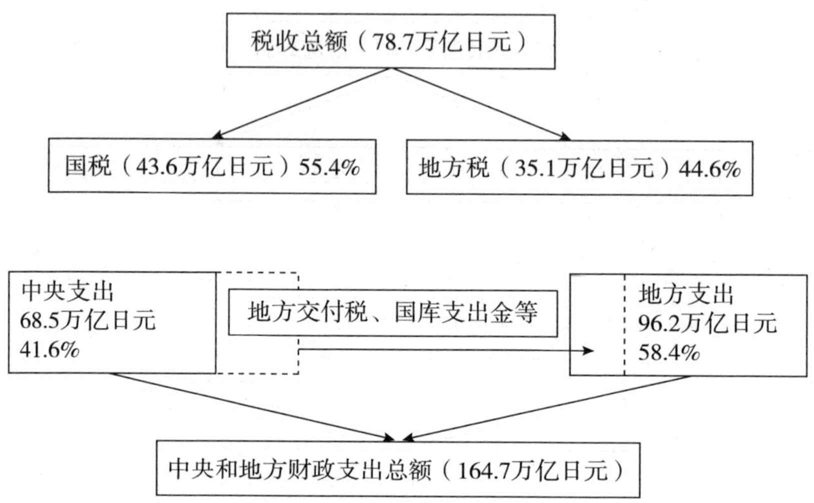

图 3－2　2011 年（日本平成 23 年）日本中央政府和地方政府之间的财权划分情况

资料来源：日本财务省网站。

由图 3－2 可知，从收入划分上看，中央和地方之比为 55∶45，而从支出划分上看，中央和地方之比为 42∶58，可见日本中央和地方政府之间存在事权和支出责任不匹配问题，因此需要转移支付来弥补地方财力的不足。以 2010 年为例，当年日本地方税税收为 35.1 万亿日元（占 45.3%，国税 42.3 万亿日元，占 54.7%），而地方财政支出却达到了 93.9 万亿日元，财政支出规模与地方税收之间有一定的差距。以 2011 年为例，地方政府收入合计为 100 兆 696 亿日元，其地方税收入仅占地方政府总收入的 34.1%，而地方交付税、地方特例交付金等转移支付资金就占到收入总体的 21.3%，另外，专项使用的经费—国库支出金也占到了 16.0%（见表 3－2）。

表3－2　2011年（日本平成23年）地方收入决算　单位：亿日元

地方税	地方让与税地方 特例交付金、地方交付税	国库支出金	地方债	其他
341714	212862	159615	117603	168903
34.1%	21.3%	16.0%	11.8%	16.9%

日本地方政府有两级，分别是47个都道府县及约1800个市町村。市町村是和居民关系最密切的地方政府，道府县是涵盖了市町村区域的广域地方政府，事务较多。

从2011年的决算数字来看，日本政府总体支出额的58.4%由地方政府支出。从表3－2看，地方政府支出较多，表面看来地方政府自由度更大一些，但实际上仅靠地方的财政收入不足以支撑地方的支出，因此，不足的地方由中央对地方进行转移支付。

从中央和地方政府支出功能分类来看，除去防卫费和年金经费，和国民生活有直接关系的经费的大半都是由地方政府支出的。卫生费的94%、学校教育费的85%、司法警察消防费的79%都由地方政府支出，其他行政领域，大部分也是由地方政府支出。

表3－3是按功能分类的2011年（日本平成23年）支出决算表，都道府县支出是509657.79亿日元，市町村支出是528900.22亿日元，道府县、市町村的支出规模几乎相等。

都道府县除了要设立和运营高中，还要负担市町村设立中小学的教师薪酬。这是都道府县缴费支出较多的原因。另外，都道府县为了培育和发展工商业及农林水产业，承担较多事务，需要比市町村支出更多的商工费和农林水产业费。

另外，市町村负责老人及儿童福祉、生活保护等事务，因此市町村的民生支出几乎是都道府县的三倍之多。另外，垃圾收集、处理也基本由市町村负责，市町村卫生支出也较高。

都道府县负责县道建设、河川管理、大规模的城市规划等公共事业，这些经费从土木费中支出。另外，市町村也进行市道建设等公共事业，土木费的大半用于发展城市规划项目。

另外，警察行政由都道府县行使，消防行政由市町村实施。日本地方政府财政支出结构如表 3 – 3 所示。

表 3 – 3 2011 年（日本平成 23 年）地方自治体财政支出决算额（按功能分类）

单位：百万日元，%

项　目	都道府		市町村		合计	
	金额	比重	金额	比重	金额	比重
议会费	82962	0.2	418419	0.8	500340	0.5
总务费	3390540	6.7	6544159	12.4	9345975	9.6
民生费	7491958	14.7	18114221	34.2	23182534	23.9
卫生费	2545915	5.0	4453047	8.4	6743245	7.0
劳动费	889628	1.7	325733	0.6	993750	1.0
农林水产业费	2366138	4.6	1174197	2.2	3207580	3.3
商工费	4542945	8.9	2049600	3.9	6547758	6.8
土木费	5413508	10.6	6046526	11.4	11284876	11.6
消防费	218463	0.4	1697317	3.2	1838835	1.9
警察费	3217187	6.3	—	—	3217004	3.3
教育费	10982366	21.5	5263793	10.0	16176813	16.7
灾害回复费	408709	0.8	405612	0.8	763281	0.8
公债费	6828849	13.4	6193570	11.7	12959464	13.4
诸支出金	48490	0.1	201903	0.4	239266	0.2
上年结余转入金	—	—	1924	—	1924	—
利息交付金	64572	0.1	—	—	—	—
分红交付金	39421	0.1	—	—	—	—
股票等转让所得交付金	9865	—	—	—	—	—
地方消费税交付金	1264981	2.5	—	—	—	—

续 表

项 目	都道府		市町村		合计	
	金额	比重	金额	比重	金额	比重
高尔夫球场使用税交付金	35583	0.1	—	—	—	—
特别地方消费税交付金	1	—	—	—	—	—
自动车取得税交付金	115296	0.2	—	—	—	—
轻油交易税交付金	121876	0.2	—	—	—	—
特别区财政调整交付金	886527	1.7	—	—	—	—
支出合计	50965779	100.0	52890022	100.0	97002646	100.0

资料来源：日本总务省网站。

如上所述，道府县作为广域地方政府，提供由市町村难以独立提供的行政服务，另一方面，市町村以实施和居民生活最贴近的行政服务为中心广泛开展工作。日本地方政府和其他国家相比行使的事务较多，可以说在国民生活中发挥着巨大作用。

2011 年，中央（一般会计、交付税和让与税、公共事业关系等 6 个特别会计）和地方（普通会计）财政支出总额除去重复部分，为 164 兆 7492 亿日元，比 2010 年增长 2.9%。财政支出总额的构成比的变化如图 3－4 所示，2011 年，社会保障费占比重最高，为 32.7%，其次是公债费占 19.8%，教育费占 11.7%，机构费占 11.7%。支出总额的最终支出主体分别是中央和地方，中央支出 68 兆 5164 亿日元，占总体支出的 41.6%，地方支出 96 兆 2329 亿日元，占总体支出的 58.4%，中央支出比上年增长 3.6%，地方支出比上年增长 2.5%。

另外，支出功能分类，具体看中央和地方的支出构成比。防卫费毫无疑问属中央事权，防卫支出全部由中央财政承担，而卫生费、学校教育费等和国民生活直接相关的经费最终地方政府支出比例较高。

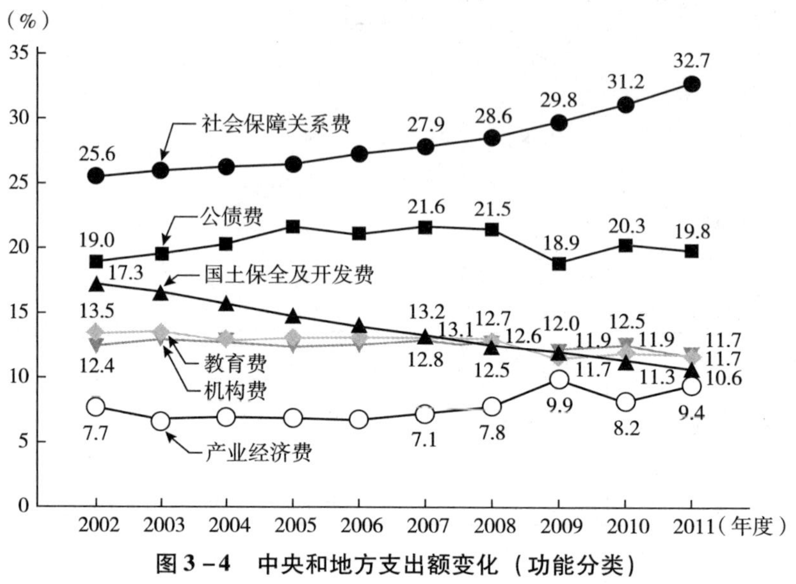

图 3－4　中央和地方支出额变化（功能分类）

3. 日本中央与地方的收入划分

日本行政体制属于“集权—融合”型，在税收管理体制上，管理权也大部分集中于中央，地方政府原则上只能征收《地方税法》所规定的地方法定税种，一些地方税中央规定了全国统一的法定税率，这种情况下地方根本没有权力自行改变。当然，如果出现上述地方因出现收不抵支而开证普通税的情况，这些普通税的税率由地方自行确定。日本政府实行中央、都道府县和市町村三级自治。全部税收分为国税和地方税两大体系，地方税又分为都道府县税和市町村税两个体系。地方政府在《地方税法》的限制下有一定的独立管理地方税种的权利。凡是征收范围广、数额大、在经济发展中起主要作用的税种都划归国税，地方政府只征收一些数量少、分散、不易管理的税种。第二次世界大战结束到 20 世纪 70 年代的近 30 年间，日本中央与地方税收份额基本上呈 3∶7 的状况。20 世纪 70 年代以后，国税份额有所下降，占 60% 左右，地方税份额略上升至 40% 左右。中央与地方税税收收入分配结构逐步演进到“4∶6”的局面。如表 3－4 所示。

表 3－4　　2011 年（日本平成 23 年）日本财政支出额

类别	2011 年	构成比
政府支出总额	164 兆 7492 亿日元	100%
中央支出额	68 兆 5164 亿日元	41.6%
地方支出额	96 兆 2329 亿日元	58.4%

资料来源：日本总务省《平成 23 年度决算概要》。http://www.soumu.go.jp/menu_seisaku/hakusyo/chihou/25data/gaiyou.pdf.

现行日本税收体系源于 1949 年的"夏普劝告"，自那时起实行分税制的财政体制，按税种划分中央与地方的财政收入。日本现行税法包括 45 种税，中央税和地方税的划分所遵循的重要原则是，以事权划分为基础，"各级政府事务所需经费原则上由本级财政负担"；涉及收入公平、具有收入再分配调节效应，并具有对经济景气状况有自动稳定功能的可以有效地体现政府宏观经济政策的税收划归中央，中央管理这类税收的立法和征收权。中央与地方都对个人和企业的所得征税，但中央的所得税、法人税的累进性强，地方的所得税（称作居民税）累进性弱。

被划为中央税的包括四类：一是所得税类，包括个人所得税、法人税及特殊法人附加税。二是财产税类，包括遗产税、赠与税和土地增值税。三是消费税类，包括消费税、酒税、烟税、汽油税、石油税、地方道路税。四是货物转让税类，包括证券交易所税、证券交易税、印花税、吨位税等。中央税以直接税为主，在直接税中，又以个人所得税和法人税为主，其中个人所得税占中央税收总额的 30% 以上。1989 年以前，间接税以酒税、专卖交纳款、物品税、燃油税、关税和印花税为主，1989 年日本实行消费税制度以后，消费税（包括消费让与税）所占比重迅速扩大，2013 年（预算）占中央税收总额的 24.7%（10.6 万亿日元）。日本财政收入大部分集中于中央政府，相当部分的税额集中到了中央财政。

地方税以"受益原则"为依据，被划分为地方税的主要包括以事业、土地、房屋、折旧资产等能带来受益的为征收对象的税收。具体可分为四类：一是所得税类，包括都道府县住民税、市（町、村）住民税和企业税。二是财产税类，包括汽车税、矿区税、财产税、轻型汽车税、土地拥有特别税、营业事务所税、城市规划税。三是消费税类，包括都道府县烟草税、高尔夫球场使用税、地方特别消费税、市（町、村）烟草税、游泳场税。四是货物转让税类，包括不动产购置税、猎枪登记税、矿产品税等。

都道府县税以普通税为主。普通税是相对目的税而言的，前者为地方政府的一般性收入，后者为地方政府的专款专用性收入，类似中国的政府基金性收入。普通税占地方税收总额的90%左右。普通税中，都道府县民税、事业税、地方消费税是最主要的税种。此外，比较重要的普通税还包括汽车税、不动产购置税、都道府县烟税等。市町村税同样也是以普通税为主，占地方税收总额的95%左右。在普通税中，市町村民税和固定资产税（类似于中国的房地产税）是最主要的税种。此外，市町村烟税、矿产税、特别土地保有税等也是比较重要的税种。

从表3－5可以看出，地方税占全国税收总额的比重依次为43.3%、46.3%、46.6%、44.0%、43.1%、42.8%。

表3－5　　日本2006—2012年税收规模　　单位：亿日元

年份	税收总额	国税	道府县税	市町村税	地方税合计	地方税占税收总额比重
2007	929226	526558	186642	216026	402668	43.3%
2008	853894	458309	179280	216305	395585	46.3%
2009	754262	402433	146545	205284	351830	46.6%
2010	780237	437074	140262	202901	343163	44.0%
2011	793468	451754	137940	203774	341714	43.1%
2012	797336	455692	140428	201215	341644	42.8%

资料来源：日本总务省。

注：2014年数据包括当年追加预算的金额。

http://www.soumu.go.jp/main_content/000250038.pdf.

3.2 中国转移支付的实施背景

3.2.1 中国的政治体制

中国实行单一制的国家结构形式。由23个省、4个中央直辖市、5个自治区和两个特别行政区组成。这种区域划分本身即表明我国是由普通行政区域和特别行政区组成的统一的主权国家，实行单一制的国家结构形式。中国之所以采取单一制国家结构形式是多种原因综合的结果，主要表现在两大方面：一是历史原因。我国自秦始皇统一中国以来建立的就是统一的中央集权制国家。尽管也曾有过分裂割据的状态，但时间较短，而国家统一的局面一直居于主导地位。长期以来的历史传统决定了中国适合建立单一制的国家结构形式。二是民族原因。中国是一个多民族国家，各民族的历史状况和民族关系也决定了在中国国情下不适宜采取联邦制，而应该采取单一制的国家结构形式。国内外的实践经验一再证明，采用单一制的国家结构形式更加有利于国家的独立与统一，有利于国家的发展，有利于各民族的共同繁荣和发展。单一制能够在一定程度上增加民族认同感，有共同的归属感，防止民族分裂。

3.2.2 分税制财政体制

从国际大背景来看，各国政府间税收不外乎划分为收入分成制和分税制两种模式。当前中央政府和政府各自的基本事权划分总体而言是比较清晰的。中国目前采用的是分税制模式，在划分事权的基础上划分税收管理权。

将一些收入充足、稳定的税种作为中央税，由中央政府征收、管理和支配。我国现行的中央税包括：关税，海关代征消费税和增值税，消费税，各银行总行、各保险公司总公司等集中交纳的营业税和城市维护建设税，车辆购置税，未纳入共享范围的中央企业所得税。将与经济发展直接相关的主要税种划分为中央与地方共享税。征收管理权、税款所有权由中央和地方按一定方式分享的税种，属于共享税；将适合地方征收管理的税种划分为地方税，征收管理权、税款所有权划归地方。国税和地税是依据国务院关于分税制财政管理体制的决定而产生的一种税务机构设置中两个不同的系统。

3.2.3 中国政府间的财政关系

1. 中国中央与地方事的权划分

由于中国各级政府承担的公共服务职责在1994年以前的《中华人民共和国宪法》和预算法及相关法规中没有做出明确和具体的法律规定，因此在1994年进行分税制改革时，国务院颁布了《关于实行分税制财政管理体制的决定》。其中规定："中央财政主要承担国家安全、外交和中央国家机关运转所需经费、调整国民经济结构、协调地区发展、实施宏观调控所必需的支出以及由中央直接管理的事业发展支出；地方财政主要承担本地区政权机关运转所需支出以及本地区经济、事业发展所需支出"。1994年分税制改革时确定的政府间公共服务职责的划分具体情况详见表3－6。

表3－6　分税制财政体制中央、地方财政支出划分简表

中央级支出	地方级支出
1. 国防费 2. 武警经费 3. 重点建设支出 4. 中央级行政管理费 5. 中央本级的各项事业费支出 6. 国内外借款的还本付息支出	1. 地方行政管理费 2. 地方各项事业费支出 3. 地方统筹的基本建设、技术改造支出 4. 支农支出 5. 城市维护和建设经费 6. 价格补贴支出 7. 其他支出

资料来源：中央财经领导小组办公室．当前几项重大经济体制改革［M］．北京：人民出版社，1994.

从表3－6可以看出，各级政府支出责任的划分在国防、外交、行政管理等方面是比较明晰的。在教育、卫生等事业支出责任方面则比较笼统，主要是按照事业单位的隶属关系确定支出责任。例如，高等教育机构中的大学从历史延续结果看，大多是由政府各个部委兴办的，交由教育部管理后便主要由中央财政负担支出；而义务教育机构中的小学和初中主要由地方政府兴办，因此按照隶属关系原则划分支出责任，义务教育就成为地方政府的支出责任。

2. 中国中央与地方支出责任的划分

中国的地方政府事务繁重，负责大量公共服务的提供。表3－7显示，地方省级一般预算支出比重自1995年起一直上升，从1995年的23.9%上升至2001年的29.8%，达到顶峰，随后呈下降趋势；地市级支出比重从1994年的32.2%飙升至1998年的33.9%，到达顶峰；县乡级一般预算支出比例从1995年开始之一保持上升趋势基本保持不变。这些变化趋势体现出中国财政支出对民生领域的逐步倾斜以及随着“省管县”改革的推进，县乡级基层政府承担的支出责任越来越多。其中，四个直辖市、五个计划单列市和海南与行政管理体制相衔接直接不少自治区、直辖市，已实行省管县财政体制。各地具体做法有一定的差异，但是在预算管理体制、转移支付和专项资金补助、财政结算、资金报解和调度、债务偿还上都基本一致。这些改革有助于优化政府层级，提高政府行政效率，有利于基本公共服务均等化的实现。

1994年分税制框架的基本建立，奠定了现行政府间财政关系的基础。放在一定历史条件下来看，现行政府间财政关系的历史进步性是显而易见的：一是建立了以分税制为核心的政府间财政分权框架。二是中央宏观调控能力增强。表3－7显示，省级一般预算支出比例持续上升，直到2001年开始变为下降趋势。中央财力增长的相对指标—中央财政收入占全部财政收入的比重大大提高，逐步改变了包干体制下中央财政依靠地方上解的局面，形成了中央财力占主导地位的分配格局。三是激励地方政府，促进经济增长。财政分权进一步激发了地方政府发展经济的积极性。

表 3－7　　1994—2008 地方一般预算支出分级次情况　　单位：亿元，%

年份	合计	省级		地市级		县乡级	
		绝对值	比重	绝对值	比重	绝对值	比重
1994	3930	960	24.4	1267	32.2	1703	43.3
1995	4828	1156	23.9	1630	33.8	2042	42.3
1996	5786	1377	23.8	1957	33.8	2451	42.4
1997	6563	1648	25.1	2184	33.3	2732	41.6
1998	7673	2026	26.4	2602	33.9	3044	39.7
1999	8991	2540	28.3	2718	30.2	3734	41.5
2000	10454	3060	29.3	3196	30.6	4199	40.2
2001	13135	3915	29.8	3942	30.0	5277	40.2
2002	15281	4331	28.3	4637	30.3	6313	41.3
2003	17230	4554	26.4	5314	30.8	7362	42.7
2004	20593	5341	25.9	6323	30.7	8929	43.4
2005	25154	6407	25.5	7691	30.6	11056	44.0
2006	30431	7409	24.3	9112	29.9	13910	45.7
2007	38339	8821	23.0	11052	28.8	18466	48.2
2008	49248	11154	22.6	13515	27.4	24579	49.9

资料来源：李萍．财政体制简明图解［M］．北京：中国财政经济出版社，2010.

在基本肯定中国政府间财政关系和公共服务配置合理性的同时，也要看到现行政府间财政关系和公共服务配置存在的问题，主要表现在以下几个方面：① "一是财力与事权不匹配，基层财政一度陷入困境"。财权下移了，财力却全面上移了，而事权则未做正式调整。二是各级政府财政行为

① 参考财政部财政科学研究所课题组：《建立有利于科学发展的政府间财政关系》，working paper，2011 年 5 月。

"层级化"。各级政府以本级财政利益为中心、以本级财政预算平衡为目标、以"本级经济"为基础，致使"层级财政"的负面效应越来越明显。三是地方政府财政风险扩散。四是区域间基本公共服务差距扩大。"①

3. 中国中央与地方收入的划分

1994年进行的分税制改革根据各类企业依法纳税公平竞争、中央与地方依税基配置取得财政收入、事权与财权相呼应的原则，按税种划分中央与地方税收收入，将维护国家权益、实施宏观调控所必需的税种划为中央税；将同经济发展直接相关的主要税种划为中央与地方共享税；将适合地方征管的税种划为地方税，并充实地方税税种，增加地方税收入。这一改革确定了我国分税制的总体框架。此后，随着经济环境的变化和多项税制改革的推行，我国稳定分税制财政体制基本框架的基础上，对税收划分制度进行了多次的调整和完善，从而形成了现行的政府间税收划分制度框架（见表3-8）。

表3-8　　中国现行政府间税收划分制度框架

中央政府固定收入	关税，海关代征消费税和增值税，消费税，各银行总行、各保险公司总公司等集中交纳的营业税和城市维护建设税，车辆购置税，未纳入共享范围的中央企业所得税
中央与地方共享收入	国内增值税中央分享75%，地方分享25%；纳入共享范围的企业所得税和个人所得税中央分享60%，地方分享40%；资源税按不同的资源品种划分，海洋石油资源税为中央收入，其余资源税为地方收入；证券交易印花税中央分享97%，上海、深圳分享3%
地方政府固定收入	营业税（不含各银行总行、各保险公司总公司集中交纳的营业税），城镇土地使用税，城市维护建设税（不含各银行总行、各保险公司总公司集中交纳的部分），房产税，车船税，印花税（不含证券交易印花税），耕地占用税，契税，烟叶税，土地增值税

① 刘尚希，《中国公共财政发展战略2020》子报告三。

现行一般预算收入划分具体比例情况如表3-9所示。

表3-9　分税制以来地方和中央共享收入以及地方固定收入

中央地方分享收入	地方固定收入
1. 增值税：中央75%地方25% 2. 资源税：海洋石油资源税归中央其余归地方 3. 纳入共享范围的企业所得税和个人所得中央分享60%，地方分享40% 3. 证券交易税：证券交易印花税中央分享97%，地方（上海、深圳）分享3%	1. 营业税（不含铁道、银行总行、保险公司总公司集中交纳的营业税） 2. 地方企业上缴利润 3. 城镇土地使用税 4. 城市维护建设税（不含铁道、银行总行、保险总公司集中交纳的部分） 5. 房产税 6. 车船使用税 7. 耕地占用税 8. 契税 9. 遗产和赠与税 10. 土地增值税 11. 国有土地有偿使用收入 12. 烟叶税

资料来源：财政部网站。

现行"归属地方的税种包括营业税、城镇土地使用税、城市维护建设税、房产税，车船税、印花税、耕地占用税、契税、烟叶税、土地增值税等，税种虽多，但缺乏能提供长期稳定收入的主体税种，地方政府收入高度依赖于共享税。目前，地方税收体系中最主要的税种是营业税，但各银行总行、各保险公司总公司集中缴纳的营业税部分属于中央政府所有。除营业税之外，地方政府税收收入的另外两个主要来源是增值税和企业所得税的地方共享部分。2012年地方政府取得的营业税、增值税、和企业所得税收入分别为15543亿元、6738亿元和7572亿元，三者之和占当年地方税收收入（47317亿元）的63.1%和地方财政收入（61077亿元）的48.9%，这表明了地方财政收入对共享税的高度依赖”①。

“在省以下政府间税种划分上，这一问题表现得更为明显。能提供充足收入的主体税种本来就太少，在省、市、县和乡镇这四级政府间如何划分税种归属就更成为无解的难题，因此各地大多效仿中央与省级政府之间的做法，对收入较高的几个税种在各级政府间进行“共享”，实为五花八门、且时常调整的分成、包干，留给最主要的公共服务提供主体——县（市）级政府——专享的只有一些零散细小的税种”②。如表 3－10 所示。

表 3－10　现行省以下税收划分情况

收入稳定且规模较大税种一般由省与市县分享	京、津、冀、晋、蒙、辽、吉、沪、豫、琼、渝、川、陕、藏、青等大部分省区采用；省与市县共享收入税种主要为增值税（25% 部分）、企业所得税、营业税和个人所得税（40%）部分、城镇土地使用税、资源税等；省与市县共享收入比例主要有“五五”“四六”“三七”等，多数省级分享比例略低于市县分享比例
小税种一般由市县独享	主要有城建税、房产税、耕地占用税、车船使用和牌照税、印花税、土地增值税、契税等
按税种和行业相结合的方式划分	浙、黑、苏、皖、闽、鲁、赣、鄂、湘、粤、桂、贵、甘、宁、疆等省区在按税种方式划分收入的同时，规定主要行业、支柱产业或重点企业的税收收入省级独享：如山东规定，重点企业增值税划归省级；宁夏将 31 户电力、化工重点企业增值税划归省级；此外，还有 9 省市将金融保险营业税全部作为省级固定收入

资料来源：李萍．中国政府间财政关系图解［M］．北京：中国财政经济出版社，2010.

中国地方税虽然种类多且分散，而同时地方本级财政收入中非税收入也占有相当的比例。例如，表 3－11 显示，2013 年的地方政府本级收入为

① 赵云旗．我国财政转移支付总体结构优化研究［J］．经济研究参考，2013（67）.

② 李萍．中国政府间财政关系图解［M］．北京：中国财政经济出版社，2010.

69011.16亿元，其中税收收入为53890.88亿元，较上年增长13.9%，占地方政府本级收入的78.1%；在地方税收收入中，从高到低前三位依次是：营业税17154.58亿元、企业所得税7983.34亿元、国内增值税8276.32亿元。非税收入15120.28亿元，较上年增长9.9%，占地方政府本级收入的22%。从高到低依次是：其他收入5887.37亿元、行政事业性收费4497.35亿元、专项收入3122.22亿元、罚没收入1613.34亿元。如果包含中央税收返还和转移支付（48019.92亿元），2013年地方公共财政收入达到117031.08亿元。

表3－11　　2013年地方公共财政收入决算　　单位：亿元,%

项　目	预算数	决算数	决算数为预算数的百分比	决算数为上年决算数的百分比
一、税收收入	51870.00	53890.88	103.9	113.9
国内增值税	8065.00	8276.32	102.6	122.8
营业税	16530.00	17154.58	103.8	110.4
企业所得税	8220.00	7983.34	97.1	105.4
个人所得税	2545.00	2612.54	102.7	112.2
资源税	946.00	960.31	101.5	112.2
城市维护建设税	3170.00	3243.60	102.3	110.5
房产税	1525.00	1581.50	103.7	115.2
印花税	750.00	788.81	105.2	114.1
其中：证券交易印花税	9.91	14.10	142.3	154.6
城镇土地使用税	1725.00	1718.77	99.6	111.5
土地增值税	3040.00	3293.91	108.4	121.1
车船税	434.00	473.96	109.2	120.6
耕地占用税	1810.00	1808.23	99.9	111.6
契税	2970.00	3844.02	129.4	133.8
烟叶税	140.00	150.26	107.3	114.0

续　表

项　目	预算数	决算数	决算数为预算数的百分比	决算数为上年决算数的百分比
其他税收		0.73		14.0
二、非税收入	14700.00	15120.28	102.9	109.9
专项收入	3037.00	3122.22	102.8	110.7
行政事业性收费	4563.00	4497.35	98.6	107.0
罚没收入	1600.00	1613.34	100.8	106.2
其他收入	5500.00	5887.37	107.0	112.8
地方本级收入	66570.00	69011.16	103.7	113.0
中央税收返还和转移支付	48857.00	48019.92	98.3	105.9
地方公共财政收入	115427.00	117031.08	101.4	110.0
地方财政调入资金		593.26		238.9
支出大于收入的差额	3500.00	3500.00	100.0	140.0

资料来源：财政部网站。

注：地方公共财政支出大于收入的差额 = 支出总量（地方公共财政支出 + 地方政府债券还本支出）- 收入总量（地方公共财政收入 + 地方财政调入资金）。

3.3　中日转移支付的制度背景比较

中日两国在共同单一制和分税制背景下集中于中央的财源较多，在相似制度背景下得出的结论才具有可比性。如果联邦制就是另外一种比较的切入点和另一套方法。

3.3.1　国家结构形式的比较

日本和中国在国家结构形式上同为实行单一制的国家，两国在转移支付上具有可比性。在政治环境相同的背景下，转移支付会出现相同的特征，如中央在税收划分上占主导地位，财政收入集中度高。中央占有主要的税种，地方税种小且分散等，这是中日分税制的共同之处。这种共性的出现是由两国共同的单一政治体制决定的，这些特征在联邦制国家就大不相同，联邦制国家分税制的特点与此截然相反。虽然法国的财政集中度也高，但其名义上是联邦制，实际上是单一制。各国近几十年来为了更好地实现转移支付的目标不断地尝试转移支付制度改革，改革的核心在于如何在中央和地方之间进行合理分权。进行转移支付比较虽然可以选取欧美国家的转移支付作为比较研究的对象，但因为欧美国家多实行联邦制，地方政府有绝对的自主权、中央与地方分配关系中中央占比不大，与联邦制国家可比性较小。相反，日本和中国都是单一制国家，这就是进行中日转移支付比较的前提，同单一制的典型国家日本比较是合适的。

中日政府间关系也有不同点，日本虽然和中国一样为单一制国家，同时也是地方高度自治的发达市场经济体，具有集权与自治的双重特点。地方自治与中央控制是相对应的一组概念，并存在此消彼长的关系。用力学图式来描述，一国的地方自治体系是建立在自治与控制的均衡点上，各国的自制程度是分布在完全自治与完全集权这两极之间。衡量自治强弱的尺度一般是如下指标：地方自治单位权能的大小，政策决定的自由度，中央在地方议员与行政长官产生过程中的干预情况，财源的自主性以及用途限定等。日本中央政府所属机构除了外务与国防外，其他部委都是为调节地方行政活动而设立的，与地方自治关联的机构设置最引人注目的当属日本的总务省（曾改为自治省、内务省）。日本下级政府官员由选举产生，任免不受上级政府控制，有能力代表当地居民向上级政府讨价还价。有时下级政府不但直接听命于上级政府，反而上级政府为了获取更多选票更在乎下级政府的反映。因此，日本政府上下级之间并非一种隶属关系，其下级政府在上级政府面前比我国的下级政府在上级政府面前有更大的讨价还价能力，有利于转移支付的改革与完善。中国下级政府服从隶属于上级政府，对上级政府缺乏谈判力和讨价还价能力，不利于转移支付的改革与完善，转移支付的改革大多由中央政府主导，由中央政府决定，很少反映地方政府的意图与偏好。

3.3.2 财政体制的比较

中日两国都实行分税制财政体制。分税制是市场经济国家普遍实行的一种财政制度，它是按市场经济的原则和公共财政理论确立的一种处理中央政府与地方政府间财政分配关系的较好办法。在各级政府都有自己主体税种的基础上，设有共享税，分税计征或按比例分享，有利于处理多级政府间的财政关系，为各级政府履行各自职责，实现地区社会发展与经济调控目标提供了财源保障体系。中国和日本都采用分税制，两国在税源分配上均是偏向中央，其税收收入和支出都是中央占大头，两国地方税比重都偏低。日本中央政府握有较大实权，中央财政收入和地方财政收入规模之比是60∶40，中国中央财政收入和地方财政收入之比基本上也是中央大于地方，但近两年开始逐渐接近50∶50。正是由于在税收收入划分上均是偏向中央的相似性使得中日两国地方政府对转移支付产生依赖性。由于收入和支出责任不匹配，不足的部分只能靠非税收入和中央转移支付弥补。这也使得两国转移支付的比较有了相似的基本背景之一。在纵向政府间关系上，但就财政资源的集中而言，中日有相似之处，均是上级政府控制下级政府的主要财政收入，下级政府很大程度上依赖上级政府的转移支付。不同的是，日本的中央财政和地方财政收入之比没有缩小趋势，而我国已经逐渐在加大地方财政收入规模，即在财源集中程度上来说，日本是一个比中国更加强调中央集权的国家。

3.3.3 政府间事权划分原则的比较

日本体现出“政府治理理念的现代化”，事权划分的特点包括：一是市场能够做的交给市场去做，市场做不了的交给政府。一些公共事务甚至可以交给第三部门、中介组织去做，政府只负责监管，保证质量。二是地方公共团体能做的交给地方公共团体去做，地方公共团体做不了的才交给上一级政府或中央政府来做。三是对投资者遵循“非禁即入”原则；而对于政府部门，只授予有限权利，只有法律授权的事情政府才能够去做。相比之下，计划经济时期中国的做法却恰好相反：对于投资者来说，只有法律规定的事情才能够去做，而政府部门则只要法律没有禁止的就都可以去做。四是各级政府都有各自的主要事权和支出责任。为了保证中央和地方政府之间职能的协调性，由宪法或专项法律划分政府间事权。相比之下，中国在地方显然不如日本做得好。

3.3.4 事权和支出责任划分法治程度的比较

日本政府对于在宪法中不能完全涵盖的基本公共服务事权、支出等具体划分，又通过《财政法》《教育法》等专项法案进行明确。尽管具体划分方式和我国不相同，但作为法治建设比较发达的国家，其政府间所有事权及支出责任都是通过宪法或财政基本法等立法形式来规范的。

我国宪法中关于政府间事权划分的表述十分笼统和具有原则性，目前没有财政基本法，现行预算法中也没有对基本公共服务支出责任进行划分。如教育方面，许多具体教育经费落实的法律依据都是以通知或者意见的形式存在，转移支付依据财政部制定的办法。这种仅属于国务院某一特定的职能部门制定的行政规章，因立法层次太低，其规制的效果及自身的权威性常受到质疑。各级政府间具体的职能权限、政府各部门的责任权力、事权义务、财政程序和支出责任等均处于法律真空状态。因此，我国转移支付制度也应进行相关立法，避免政策的随意性。

3.4 小结

从日本政治体制与转移支付的关系可知，地方自治可以促进转移支付走向合理化。中国在这方面不同于日本，应借鉴日本的成功经验，加大地方自治权，经济上的分税制需要有政治上的分权制相适应。

日本政府事权划分比较明确规范，中国事权和支出责任划分还存在很多不清晰的地方，这是影响和制约转移支付进一步改革完善的障碍。

日本政府职能转变到位，凡是市场能做的完全交由市场去做，有限政府能够促进转移支付的合理性，如减小转移支付规模等。中国政府与市场的边界不清，职能转变不到位，还留有计划经济时期的包揽做法，导致转移支付规模不断膨胀。

在中央与地方财政收入划分上，日本甚至保持中央占大头，有其有利的一面，但也存在缺陷。中国中央和地方财政收入之比约为5∶5，比日本较好，但政府间财政关系仍需要进一步调整。

4 中日转移支付立法比较

转移支付体系的法律框架包括宪法、联邦法规、规章制度、部门决议和政府间的协定。每一个国家都在不同程度上，以不同方式依靠这些法律机制来制定相关的制度。由于没有一个单一的法律机制可以把政府间转移支付体系的所有目标最优化，大多数国家都采取了一套复杂的、层层相扣的法律机制，以适应社会当前及远景目标。日本和中国都属于传统的中央集权国家，税收的立法权、管理权基本都是中央占据强势地位，使中央政府掌握国家财力分配的主动权，确保了中央政府对地方政府的影响力。本章主要围绕中日转移支付立法体系的比较展开论述。

4.1 日本转移支付立法

4.1.1 事权划分的相关立法

日本各级政府的事权范围均有相关法律做依据。首先，日本政府 1999 年 7 月制定的《关于推进地方分权完善相关法律等的法律》（地方分权一揽子法）对第二次世界大战后的《地方自治法》进行了修订。修订后的《地方自治法》对中央政府与地方政府的作用、分工做出明确的规定。《关于推进地方分权完善相关法律等的法律》最引人注目的是废除了原“机关委任事务”（即地方政府有义务代行中央政府或其他地方政府的管理或其他事务），并在总理府设立一个新的机构——“中央地方争讼处理委员会”，当中央政府工作报告与地方政府之间发生事务纠纷争讼时，“中央地方争讼处理委员会”将站在公平、中立的立场对争讼进行调查、调停等；其次，重新审定了中央政府对地方政府以及都道府县对下级地方政府的总括性指挥监督权，并规定中央政府对地方政府的干预应被限定在法律或是法律基础上的政令所认可的范围内，并且法律允许范围的干预应限制在其基本形式的最低程度上，必须顾及地方政府的自主性和自立性；最后，废除了地方债审批制度，并制定地方政府对地方交付税计算提出质疑的制度，在地方税法方面，废除法定外普通税许可制度等，使中央与地方的关系从过去的上下、主从关系向对等、协作关系转换。此外，还对以往中央以法令硬性规定公务员编制和机构设置的“必置规制”进行了重新审定。根据《地方分权一览法》，地方政府被视为一个自主并综合地执行地区行政事务的广泛性职能机构，而中央政府承担作为国家在国际社会中的有关事务，以及应该全国统一的国民活动事务，制定有关地方自治基本准则的政策。这样，中央政府与地方公团两者的作用分工得到了明确化。

1. 地方自治法规定中央政府重点负责以下事务

（1）在国际社会中作为一个国家存在的事务，关乎国家安危的事务（例如，外交、防卫、安全等）。

（2）适合由全国统一决策的与国民的各项活动相关的事务或与地方自治相关基本准则的事务（例如，一级河流、健康保险、国道等广域性质的社会投资，基础产业政策、粮食供需、能源、广域交通、通信、全国广播等制定有全国统一标准的事务）。

（3）须在全国范围内、从全国总体角度出发颁布实施的政策措施和项目等（例如，货币、经济金融政策、养老金、贸易、关税等）。

同时，在制定和地方政府有关的制度及政策实施时，必须尊重地方政府的自主性和自立性（《地方自治法》第1条第2项规定）。

地方自治法规定的地方事权包括：在以增进居民福祉为基本原则前提下自主并综合提供地区的行政事务（《地方自治法》第 1 条第 1 项规定），以及法律或政令规定的必须处理的地区事务及其他事务（《地方自治法》第 1 条第 2 项规定）。

还有一些被认为不符合上述中央政府事权的，换句话说“应由地方政府承担的事务”，现在也由中央政府承担。如劳动标准及职业介绍等劳动行政；CATV（有线电视）及社区 FM（调频）的许可等地区广播行政；铁路、公共汽车、出租车、卡车的行政许可等地区交通政策；加油站注册、燃料价格认定等地区能源政策。

2. 地方政府所开展的国内事务

地方公共团体以提高居民福利为基本职责，广泛承担自主地综合开展地区行政事务，可以说除中央政府的外交、安全保障、审判及检察等之外，地方政府囊括了几乎所有的国内事务。根据地方自治法，这些事务被分为两类：

（1）法定受托事务：法定委托事务是地方自治体根据法律或政令的规定处理的事务中，本应由中央政府负责，而且中央政府认为有必要确保地方自治体有效地予以处理而通过法律或政令加以规定的事务。具体包括护照的颁发、国道管理、中央指定统计相关事务等。包括警察、消防、公害预防、废弃物处理、水道、福祉、地区保健、中小学及高中教育、中小企业对策、商店街振兴、城市规划、道路、下水道等城市基础设施、农地整备等属于和居民密切的行政领域，由地方政府承担，地方政府承担的事务范围较广。

（2）自治事务：自治事务是指除法定委托事务以外的由地方自治体自主实施的所有事务。具体是指历来的地方政府行政事务以及原“机关委任事务”中被归类为地方政府事务的内容。法定委托事务与自治事务的差异是，与后者相比前者具有较强的国家干预的色彩。

3. 地方政府之间事权的划分

根据地方自治法，都道府县作为包括市町村在内的跨区域地方自治体，负责处理跨区域事务、与市町村相关的联络协调事务及协助市町村的事务。（例如，都道府县道、港湾、山水治理、保健所、职业培训、警察）；面向市町村的联络协调事务（例如，有关合理地组织和运营市町村的建议、劝告和指导）；协助市町村的事务（例如，高中、博物馆、医院）。

而市町村作为基础地方自治体，负责处理都道府县事权以外的所有事务。市町村负责的事务包括有关居民生活的基础事务（例如，户籍、居民登记、地址标示）；有关确保居民安全、健康的事务（例如，消防、垃圾处理、上水道、下水道）；有关居民福利的事务（例如，生活保护（城市区域）、护理保险、国民健康保险）。

关于这一点，法律规定了“市町村优先原则”。

（1）地方行政事务尽可能先由市町村实施。

（2）都道府县负责处理广域（跨地区）的事务、与市町村相关的联络协调事务以及在规模和性质方面不适宜由一般市町村处理的事务。但是实际上，在中央政府、都道府县及市町村之间的事权划分过程中，各领域的事权并不是按层次分别划归不同层级的地方政府，而更多是不同层级的政府在同一领域各自承担不同的角色。在日本的地方自治制度中，关于事权划分采用的是“融合型”而不是“分离型”。

4.1.2 转移支付法律体系

日本自明治时代开始地方自治，第二次世界大战后制定了《地方自治法》。《地方自治法》采用大陆体系国家通用的“概况授权”方式，对政府间事务进行了原则性划分，并通过个别法对政府间事权进行了明确界定。在《地方财政法》中，规定了中央必须对有共同利害关系的事务、符合国民经济发展综合计划的公共事业等，由中央按法定的比例承担所需经费。对需要中央分担经费的事务采取“限定列举”的方式加以规定，如与中央地方共同利益关系的事项包括：义务教育、生活保护、传染病预防、精神卫生、打击毒品、儿童保护、老人保护、原子弹受害者护理、主要农作物良种培育、产业教育振兴以及学校图书馆设施与图书充实等。

日本每种转移支付都有相应的法律法规依据，除了具有基本法性质的《地方财政法》以外，地方交付税以《地方交付税法》作为依据筹集和分配资金，国库支出金等各类转移支付也以相关的法律，如《义务教育法》《农业基本建设法》《土地改良法》《生活保障法》等为依据。

4.2 中国转移支付立法

4.2.1 事权划分相关法律法规

在中国现行的法律和行政规定中涉及或者说应该与划分各级政府公共服务职责的相关法律和行政规定主要有以下几个：一是《中华人民共和国宪法修正案》(2004 年 3 月)，二是《中华人民共和国预算法》(以下简称《预算法》)(1994 年、2014 年)；三是《中华人民共和国地方各级人民代表大会和地方各级人民政府组织法》(2004 年 10 月)；四是《国务院关于实行分税制财政管理体制的决定》(1993 年 12 月)；五是《国务院批转财政部关于完善省以下财政管理体制有关问题意见的通知》(2002 年 12 月)；六是《国务院关于改革和完善中央对地方转移支付制度的意见》(2014 年 12 月)。

1. 宪法对政府间公共服务职责的规定

《中国人民共和国宪法修正案》第八十九条规定：国务院行使的职权包括：“统一领导全国地方各级国家行政机关的工作；规定中央和省、自治区、直辖市和国家行政机关的职权的具体划分；编制和执行国民经济和社会发展计划和国家预算；领导和管理民政、公安、司法行政和监察等工作；管理对外事务，同外国缔结条约和协定；领导和管理国防建设事业。”这是针对中央政府公共服务职责进行的规定。

《中华人民共和国宪法修正案》第一百零七条规定了省以下政府的公共服务职责：“县以上地方各级人民政府依照法律规定的权限，管理本行政区域内的经济、教育、科学、文化、卫生、体育事业、城乡建设事业和财政、民政、公安、民族事务、司法行政、监察、计划生育等行政工作。乡、民族乡、镇的人民政府执行本级人民代表大会的决议和上级国家行政机关的决定和命令，管理本行政区域内的行政工作。”

上述法律规定表明：中国基本上属于以集权为主的政治行政体制，实行“统一领导、分级管理”的行政制度，相应的财政管理体制也是遵循了以集权为主，统一领导、分级管理的原则。

2.《预算法》中的相关规定

我国《预算法》（1994）规定：国家实行一级政府一级预算，设立中央，省、自治区、直辖市，设区的市、自治州，县、自治县、不设区的市、市辖区，乡、民族乡、镇五级预算。我国逐渐形成了中央、省（自治区、直辖市）、计划单列市、地级市（自治州、盟、地区）、县（自治县、旗、市）和乡（镇、苏木）五级财政级次。在1994年颁布的《预算法》中，对政府间财政体制和调整机制做了如下规定：

（1）第一章第八条规定，国家实行中央和地方分税制。这是对政府间财政收入基本体制的规定。

（2）第三章第二十条，对预算收入划分做出规定：预算收入划分为中央预算收入、地方预算收入、中央和地方预算共享收入。

（3）第二十一条规定：中央预算与地方预算有关收入和支出项目的划分、地方向中央上解收入、中央对地方返还或者给予补助的具体办法由国务院规定，并报全国人民代表大会常务委员会备案。

从以上的法律规定可以看出，预算法没有对各级政府的公共服务职责做出明确的法律规定，而是将中央预算与地方政府预算支出项目划分的具体办法和调整的权利赋予了国务院。

3. 行政规章中的相关规定

在2002年的《国务院批转财政部关于完善省以下财政管理体制有关问题意见的通知》中，第二个大问题要求合理界定省以下各级政府的事权范围和财政支出责任。其主要内容是："各地要按照建立公共财政框架的基本要求，依法界定各级政府的事权范围，进一步明确省以下各级政府的财政支出责任。在明确划分各级政府财政支出责任的基础上，各级政府要各负其责，严格实行行政执法责任制"。

2014年12月27日，国务院发布《国务院关于改革和完善中央对地方转移支付制度的意见》，其基本原则之一是"合理划分事权，明确支出责任。合理划分中央事权、中央地方共同事权和地方事权，强化中央在国防、外交、国家安全、全国统一市场等领域的职责，强化省级政府统筹推进区域内基本公共服务均等化的职责，建立事权与支出责任相适应的制度。"提出要"合理划分中央和地方事权与支出责任，逐步推进转移支付制度改革，形成以均衡地区间基本财力、由地方政府统筹安排使用的一般性转移支付为主体，一般性转移支付和专项转移支付相结合的转移支付制度。属于中央事权的，由中央全额承担支出责任，原则上应通过中央本级支出安排，由中央直接实施；随着中央委托事权和支出责任的上收，应提高中央直接履行事权安排支出的比重，相应减少委托地方实施的专项转移支付。属于中央地方共同事权的，由中央和地方共同分担支出责任，中央分担部分通过专项转移支付委托地方实施。属于地方事权的，由地方承担支出责任，中央主要通过一般性转移支付给予支持，少量的引导类、救济类、应急类事务通过专项转移支付予以支持，以实现特定政策目标。"

从以上内容分析可以得出的结论是，在各级政府公共服务职责的划分上，虽然已经明确了政府分权制度框架和原则，但是由于分税制体制调整了政府间收入的划分，改革也采取的是渐进式推进的战略，而政府间公共服务职责的划分仍然存在问题，与收入划分之间存在一些新的矛盾和问题，因此政府间财政体制仍需要进一步的改革和完善。

4. 2. 2 转移支付法律法规体系

我国宪法没有对各级政府的事权进行明确的划分，也没有相应划分各级政府的收入，并且转移支付时间过程中所依据的相关行政法规也遵循了宪法规定的原则，即除外交事务完全由中央政府承担外，中央政府和地方各级政府要分别承担各自行政区域内的国家职能和公共事务，而且没有对作为国家重要支出项目的社会保障支出的责任划分做出明确规定。这样，比较模糊的政府间事权和支出责任的划分从根本上导致了政府间收入划分的难以确定和结果的不尽合理。这种模糊的界定也形成了对我国分税制财政体制及财政转移支付制度建设的制度性障碍，在实际工作中的具体表现为：各级政府的事权不清，财力无法保证其支出责任，地方政府尤其是基层政府的财政能力很难或不能满足其承担的支出责任需要，转移支付体系总体设计不够规范、对公共服务均等化的效果不明显等。呈现出这种情况的根本原因是用于平衡公共服务水平的转移支付制度框架缺乏更高法律位阶的立法的形式来明确。也可以这么说，我国目前的转移支付制度立法工作呈现的状况是立法层次低，主要为部门规范性文件，缺乏高效力层次的法律、行政法规对财政转移支付的基本原则、基本制度等进行统一规范。而且现行规范性文件缺乏稳定性，许多仍采取一年一定的方式等，这样就不利于转移支付制度促进公共服务均等化作用的发挥。

1994 年分税制财政体制改革以来，中央政府为了均衡地区间财力差异，促进各地基本公共服务均等化，逐步建立和完善了中国现行转移支付制度，相关的法律法规体系的完善如表4－1所示，从1994年开始实施转移支付制度至今尽管经过了一系列的补充完善，但尚未颁布一部上升至法律层面的关于转移支付的专项法律，其他相关法律对转移支付制度规定的涉及大多数以国务院的文件形式发布，如《国务院关于实行分税制财政管理体制的决定》（国发〔1993〕第85号）。该文件明确确定了中央财政对地方税收返还和转移支付制度的建立，成为我国政府间转移支付制度实施的最早的法律依据。1995年财政部发布《过渡期转移支付办法》，标志着以公共服务均等化为目标的转移支付制度的正式建立，随后每年根据情况变化修订完善后重新公布，但整个制度结构没有根本变化，2002年后改称《一般性转移支付办法》。国务院于2002年出台了《关于印发所得税收入分享改革方案的通知》（国发〔2001〕37号），进一步规范了中央与地方政府的分配关系，该通知的第四条对转移支付资金的分配与使用做出了原则性规定。同年，国务院发布了《国务院批转财政部关于完善省以下财政管理体制有关问题意见的通知》（国发〔2002〕26号），该通知的第四部分提出进一步规范省以下转移支付制度，为我国地方性转移支付提供了依据。

表4－1　　我国转移支付法律法规

1993年，《国务院关于实行分税制财政管理体制的决定》（国发〔1993〕第85号）	明确确定了中央财政对地方税收返还和转移支付制度的建立
1995年，财政部《过渡期转移支付办法》	标志着以公共服务均等化为目标的转移支付制度的正式建立
2002年，《一般性转移支付办法》	1995年，财政部发布的《过渡期转移支付办法》改名而来
2002年，国务院《关于印发所得税收入分享改革方案的通知》（国发〔2001〕37号）	对转移支付资金的分配与使用做出了原则性的规定
2002年，国务院《国务院批转财政部关于完善省以下财政管理体制有关问题意见的通知》（国发〔2002〕26号）	进一步规范省以下转移支付制度，为我国地方性转移支付提供了依据

我国老《预算法》（1995 年 1 月 1 日起施行）是转移支付位阶最高的法律，该法对转移支付进行了原则性规定，并授权国务院实施转移支付的具体办法。如老《预算法》第二十一条规定：“由国务院对中央和地方的收入、支出及中央对地方的转移支付办法做出具体规定”，该条为以国务院作为主体出台转移支付办法提供了法律依据。在转移支付的监督和管理方面，我国的老《预算法》第五十六条规定：“接受转移支付（包括返还、补助款）的政府应向本级人大常委会报告转移支付的使用情况”。

新《预算法》（2015 年 1 月 1 日起施行）首次对财政转移支付制度进行了系统性阐述，明确了构建转移支付制度框架的原则、目标、范围、形式、重点以及机制等要件。国家实行财政转移支付制度，是分税制财政体制改革中的成功经验，对于缩小地区间财力差距、推进基本公共服务均等化、促进区域协调发展发挥了重要作用。但在执行中，也存在专项转移支付设置过多、配套资金压力过大、资金下达不及时等问题。新《预算法》第十六条规定：转移支付制度的设计原则是“规范、公开、透明”，转移支付的制度目标是“推进地区间基本公共服务均等化和均衡地区间基本财力”，转移支付制度的覆盖范围为“中央对地方的转移支付和地方上级政府对下级政府的转移支付”，转移支付的运行机制为“建立健全专项转移支付的定期评估机制、退出机制、准入机制以及资金配套机制”。除此之外，新《预算法》第三十八条对转移支付预算的编制做出了规定，第四十八条、第七十一条和第七十九条对政府转移支付的管理制定出相关审查与监督的规范，第九十九条还对有关违反转移支付制度的现象做出了具体的责任追究罚则。这将有利于优化转移支付结构，提高转移支付资金分配的科学性、公平性和公开性，有利于减少“跑部钱进”现象和中央部门对地方事权的不适当干预，也有利于地方统筹安排预算，提高地方预算编报的完整性。

从一些发达国家的财政转移制度立法实践来看，一方面，各国各级政府的职责通过法律的形式有明确规定，例如，美国、德国、日本、加拿大等都依据宪法对政府在事权上进行合理的划分，实行各级政府事权、财权明确界定的彻底的分税制，这样可以在财政转移支付的过程中，比较容易的计算本级政府的收入额、支出额及收入差额，为上级转移财力与下级接受财力不中提供基本核算依据。另一方面，各国在转移支付制度方面也有较为健全的法律体系来保证。例如，日本各类财政转移支付的主要测算依据和具体支付标准都在《转移支付法》中予以明确的规定；德国在《宪法》中对财政转移支付也做了教详细的规定；美国、澳大利亚和韩国等都在其有关法律中对财政转移支付做出相应的规定。这样通过高法律位阶的立法形式作为支撑，使财政转移支付做到有法可依，有法必依，保证财政转移支付在实际操作中能够依法行事，避免人为因素干扰。

在我国目前的财政转移支付立法建设中，最为迫切的是要提高有关财政转移支付的法律位阶，增强法律效力。首先，为提高财政转移支付制度的权威性，应该考虑在适当的时机修宪，以宪法修正案的形式确认财政转移支付法律制度的宪法地位；其次，在全国人大牵头下，将财政转移支付制度的主要框架写入《预算法》；最后，也是最为重要的，由全国人大制定高位阶的《财政转移支付法》。在该法中，可以借鉴发达国家的做法，在各级政府的事权、财权不能在宪法中明确规定的情况下，其界定在该法中的体现，由此也真正能体现分税制的法律性，同时该法应该详细确定财政转移支付的目标、基本原则、资金来源、形式、分配程序、监督与审计、法律责任等。把财政转支付框架的内容通过立法的形式加以确定，可以显著增强各种转移支付的规范性和合理性，提高财政资金的使用效率，是财政转移支付制度真正发挥促进公共服务均等化的作用。①

① 马海涛，姜爱华，等．政府间财政转移支付制度［M］．北京：经济科学出版社，2010.

4.3 中日转移支付立法比较

4.3.1 立法权限比较

中日两国的立法权都集中在中央，这是两国的相同之处。但日本地方政府有中央授予的税种、税率选择权，适应了地方税收结构，具有一定的灵活性，中国目前还没有这样的规定。中国国土面积远大于日本，保证中央的权威对维护国家统一与稳定至关重要，中国税收立法权高度集中于中央，甚至集中程度高于日本也情有可原。

4.3.2 立法位阶比较

日本转移支付制度最大的特点就是制定了位阶较高的法律来保障转移支付制度的有效运行。如《地方财政法》《地方自治法》等专项法律中对转移支付制度做出了规定。无条件的转移支付法有《地方交付税法》作为依据筹集和分配资金，有条件的转移支付如国库支出金等各类转移支付也以相关的法律，如《义务教育法》《农业基本建设法》《土地改良法》《生活保障法》等为依据。而目前我国对转移支付位阶最高的法律是《预算法》，而非《转移支付法》专项法律。因此，转移支付在实践运行中最主要的依据则是国务院及部委的规范性文件，如《关于实行分税制财政管理体制的决定》《国务院批准财政部关于完善省以下财政管理体制有关问题意见的通知》《国务院关于印发所得税收入分享改革方案的通知》《中央对地方一般转移支付办法》《中央对地方均衡性转移支付资金分配办法》《国务院关于改革和完善中央对地方转移支付制度的意见国发〔2014〕71 号》等。这些决定、通知、办法，既不是法律，也不是行政规章，位阶层次低，影响了转移支付制度的法制性和权威性。

4.4 小结

日本转移支付制度发展时间比我国长，基本上实现了法律化，为转移支付资金分配的顺利运转提供了法律保证。保证其在具体的操作中均有章可循，有法可依，减少了人为干预的因素。总之，日本转移支付立法位阶、层次高，法律全面、细致，保障了转移支付的法制化、规范化，而我国转移支付在立法方面欠缺，与日本存在很大的距离。

5　中日转移支付制度结构比较

转移支付体系主要反映在转移支付的框架和结构，框架主要指转移支付是单一式（只有纵向或横向转移支付）还是复式的或交叉式的（既有纵向转移支付又有横向转移支付）。转移支付的结构主要指由几种转移支付组成和各类转移支付的占比。转移支付框架结构作为转移支付的载体反映了转移支付的健全和完善程度，也是科学性、合理性的主要标志，而且还影响着转移支付的实施成效等方面。

5.1　日本转移支付制度结构分析

5.1.1　转移支付制度的变迁

日本的转移支付以地方交付税为主，地方交付税的变迁，基本代表了日本转移支付制度的变迁。

1. 地方交付税的发起

（1）地方分配税。截至日本昭和（1926 年 12 月 26 日—1989 年 1 月 7 日）初期，虽然还存在几个补助金制度，但是和现在的地方交付税相关的真正意义上的政府间财政转移制度，只有 1940 年的“地方分配税”。地方分配税是把作为国税由中央统一征收的税收的部分或全部再分配给地方的制度，由“返还税”和“分摊税”构成。返还税是指中央将从道府县征收的地租、房租以及营业税原封不动地返还给原征收地的制度，分摊税是指考虑到地方的征税能力和财政需求，把国税的一定比例分配给地方的制度。即，将国税的一定比例当作分摊税的财政资源使用，以及计算交付金额时，将地方的征税能力和财政需求两方面纳入考虑范围等。因此，我们可以在地方分配税制度中看到沿用到当今地方交付税制度的几个特征。另外，这项制度是根据中央征收的税额预先确定分配税的总额，再以划分总额的形式决定对地方的交付额。

在制定地方分配税的同时，中央为了指派地方处理中央事务而实施了几项筹措资金的财政制度。例如，修订义务教育费和警察费的国库负担制度，开始实施个别补助金制度；并且，制定地方税法，创设有别于国税的市町村税。在历来以手续费和财产收入为主的市町村财政中，地方税一直是次要的税收来源，但是，经过该法的制定，地方税成了主要财源。这些一连串的制度变更意味着地方财政被划进了中央财政，通过增收地方税实现国税余额。其目的在于：一是确保军事费；二是在战时体制下，随着国政事务的增加，让地方分担战时行政经费。

（2）地方财政平衡交付税。第二次世界大战后的1947年，作为返还税的税目变为独立的地方税，返还税被废除，只保留了地方分摊税。1948年，制定“地方财政法”，开始大面积重审中央和地方的财源分配。并且，在1949年提出的夏普建议强烈主张建立以市町村为中心的地方财政制度，迫使日本的地方财政制度进行根本性修订。特别要求对容易受所管官厅操纵的个别补助金进行整理，并要求对容易受经济变动和中央武断行为影响的地方分摊税进行修订。

根据这项夏普建议，对奖励性补助金除外的个别补助金进行整理统合，于1950年引入了“地方财政平衡交付金”（以下简称为“平衡交付金”）。平衡交付金的总额根据从国税收入中独立出来的各个地方的累加资金不足额决定，当初其九成分配给“普通交付金”，剩下的一成分配给

"特别交付金"。普通交付金是对各地方算出的"标准财政需求额"和"标准财政收入"的差额进行填补的资金。在标准财政需求额中，包括被废止的义务教育国库负担金和儿童福利费国库负担金等约110种个别补助金。另外，作为临时性措施的特别交付金约为1952年以来的分配交付金总额的8%。

平衡交付金为了达到原来的目的，应该准确算出各个地方的标准财政需求额和标准财政收入的资金不足额，同时，有必要通过中央预算确保其总额。但是当时，由于存在超过1万的市町村，计算工作量非常大。除此之外，受到战后混乱期余波的影响，出现了通货膨胀等经济不稳定现象，每年的税收预测比较困难。由于受到这种制约，截至中央预算编制中的概算要求期限之前（前一年的8月），即使正确测算出各地方的标准财政需求额和标准财政收入，并把这些差额对各地方进行累积，实质上也不可能算出交付金总额。

结果，平衡交付金的总额不是根据预想的方法测算，而是总体推算厉害的"地方财政计划"中存在的地方的财源不足。这样既准确推算出了不足的财源，也导致代表地方的地方财政委员会和预算所辖官厅——大藏省（现财务省）因计算交付金总额问题而立场对立，如何测算平衡交付金总额成了每年国家预算编制中最大的争论点。结果，交付金额每年变动巨大，不能实现稳定的交付。另外，这样很难实现以平衡交付金保障所有地方的标准化行政水平目标。

（3）地方交付税制度的成立。以朝鲜战争为契机，美国的对日政策发生了变化，其影响也波及财政制度。1951年，联合国军最高司令官李奇微发表声明，要求完善独立后的财政制度以及重审占领中制定的制度，日本地方财政制度的修订也开始出现转机。1950—1951年，地方财政委员虽然提出了关于地方财政制度的三点建议，但是，第一次提出的市町村优先主义的建议，并没有被政府采纳。1952年，地方财政委员会和全国选举管理委员会一起被统合进地方自制厅，自制厅自此建立。另外，1953 年，恢复了在平衡交付金的基础上被整理统合的义务教育和儿童福利费相关的国库负担金。

而且，在实施这些措施的同时，还进行了平衡交付金的制度修订。结果，理想的平衡交付金制度一次也没能实施，地方上要求的金额无法确保，陷入财政困境。另外，中央也普遍认识到，如果没有总额决定规则，就很难实现合理的预算编制。在李奇微声明以后的一段时间内，这些情况有所改善，并于 1954 年以“地方财政平衡交付金法”部分修订的形式制定了“地方交付税法”，至此，当今的地方交付税制度开始正式实施。

从平衡交付金向地方交付税的修订要点有以下两点：第一，地方交付税将国税收入的一定比例当作向地方进行财政转移的财政资源。这种方式是地方分摊税中采用的方法，地方交付税的财政资源为国税中的所得税、法人税以及酒税的 20%；第二，是如何计算所管官方负责的个别补助金。与平衡交付金一样，地方交付税给各地方支付的交付额由标注财政需求额和标准财政收入的差额决定。但是，在以统合个别补助金的形式实施的平衡交付金中（国库支出金）的地方交付税中，是由于地方交付税对个别补助金和地方自主财源不能提供的部分进行填补。

2. 地方交付税制度的展开

（1）交付税制度发起时 ~20 世纪 60 年代前半期（日本昭和 30 年代）。20 世纪 50 年代开始实施地方交付税的地方财政面临着如下课题：①在平衡交付金制度下，因财政困难而发行的地方债大量增加，尤其是在对地方债依赖性比较高的落后地区，本利偿还金等公债费的负担大幅增加；②为了恢复经济不景气而实施国税减税，这样一来地方交付税的财政资源反倒减少了；③作为国策接受社会资本整备的大规模公共投资，需要由地方财政提供。但是，当时国家通过严格控制举债许可抑制地方债的发行，却阻碍了落后地区的社会资本整备。

第一，在战争刚刚结束后的财政困难时期，对于大量发行的地方债、特别地方债偿还费被计入标准财政需求额（1957 年），并在这些偿还费中，针对特定债务涉及的部分实施了“财政能力补正”（1958 年）。在财政能力补正中，对应标准财政收入中特定债务偿还费的算入比例，地方债标准财政需求额中地方债的算入比例甚至由25% 上升到 50% 。

第二，由于国税减税带来的交付税财政资源减少以及标准财政需求额增加，交付税率提高，从国税转移来的金额增加。1954 年，相当于国税（所得税、法人税、酒税）20% 的交付税率，从 1955 年开始上升，20 世纪 50 年代末期（1959 年）变为 28. 5% ，在交付税率曾一度稳定的 1966 年甚至达到 32% 。另外，经济高速成长的同时，该交付税率也持续增加，随着税收的大幅度增加，直至 1960—1963 年才进行交付税结转。

第三，为了供应扩大的公共投资需求，首先，1956 年引进了以都道府县为对象的“特别态容补正”。该补正采用的是需要公共投资的地方的财政能力和社会资本整备率越低，标准财政需求额就越高的结构。这种特别形态补正，目的是缓和地方的公共投资负担，特别是缓解由于举债限制造成的落后地区的公共投资阻碍因素。但是，采用特别态容补正的标准财政需求额增额是利用已有设施的折旧费计算，并没有充分反映出今后要整备的社会资本的需求。1959 年，进行了测量单位的调整，使地方单独事业能够反映在标准财政需求额中，并且在 1962 年，为了在事业费中增加标准财政需求额，对河川费和港湾费实施了“密度补正”。

这些地方交付税的调整和国家的各项计划相关联。例如，特别态容补正虽然也适用于道路投资费，不过在补正的计算中参照了国家的道路整备五年计划。进入 20 世纪 60 年代，正式制订了以全国综合开发计划（1962 年）为代表的各项国土计划，以动员地方全年支出的形式进一步加强了社会资本的整备。依据这些计划动员的地方全年支出中，不能以所管官方的补助金填补的地方负担部分，可以通过操纵单位费用和补正系数来保障。

例如，关于新道路整备计划，通过提高单位费用，把地方负担全额算入标准财政需求额（1961 年），在开展第 4 次道路整备五年计划（1964 年）中，利用了密度补正。

（2）20 世纪 60 年代后半期～20 世纪 70 年代初期。1965 年，经济的高速增长结束，自此，日本财政政策开始从均衡财政向积极财政——扩大全年支出和减税转换。结果，与国税共享征税基础的地方税收减少、随着全年支出扩大出现的地方负担增大，从而，国税收入的减少导致了交付税财政资源的减少。

1966 年，特别态容补正和密度补正停止使用；1967 年，特别态容补正和其他各种补正一起被整理统合在“投资补正”中，密度补正改称为“事业费补正”。这些补正总称为“投资态容补正”，但补正所需的费用计算从原来的利用已有设施折旧费算出来的“折旧费方式”，变更为密度补正中采用的世纪事业费的“事业费算入方式”。

1969 年，对投资态容补正进行了进一步的改订。在投资态容补正的适用中，经常经费和投资性经费被重新区分，后者是根据中央的各种计划计算的。即，在各种事业的长期计划、中央预算额以及地方财政计划等基础上，设定应作为地方当前目标的各项事业的整备水平，并根据这一水平计算出标准事业费和地方负担。事业费补正对这些数值适用。

在经济增长的基础上，随着个人收入水平的不断提高，人均行政需求也出现多样化，开始追求充实生活的基础型的社会资本和公共服务。并且随着这一潮流国家进行的公共投资的重点从行业基础转向生活基础，事业费补正也开始向公共下水道费（1967 年）、小学校费以及中学校费（1968 年）、制定城市的道路费、城市计划费、清扫费（1969 年）等生活基础型事业费扩大。另外，标准财政需求额中的生活保障费、社会福利费以及卫生费依次增加。

在 1969 年制定的“新全国综合开发计划”，以推进社会资本的整备，

20世纪70年代初期，对属于城市町村圈的地方，实施了将道路桥梁费按比例增加算入标准财政需求额（1971年）以及提高事业费补正的算入单价的措施（1972年、1973年）。对生活基础型社会资本的需求也提高，交付税也以对应市町村的道路、下水道、清扫设施以及公害对策等经费的单位费用（1971年），将土地开发基金费中的公共用地取得的资金算入标准财政需求（1971年），对应新设的老人医疗费的公费负担制度而扩充密度补正（1972年），提高市町村部分中小学校费用的事业费补正算入率（1973年）等。而且，到了1970年年初，国内的居民频繁迁移，导致农村地区的过疏问题，为了解决这一问题，对地方交付税也新设了过疏补正（1970年）。

（3）20世纪70年代～20世纪80年代前半期。以1973年后的石油危机为契机，日本经济结束了高速成长期。特别是在1973年的石油危机以后，第二年（1974年）日本经济经历了第二次世界大战后初期的负增长时代。在这一情势下，一方面国税和地方税减收，另一方面随之而来的是地方全年支出压力增大。对社会资本整备的需求持续增加，还需要新策划的以"新全国综合开发计划"（1969年）和"第三次全国综合开发计划"（1977年）为基础的新的公共投资。

在应成为地方交付税的财政资源的国税收入方面，没有预测到大幅度的自然增长，其中地方交付税的交付金总额增大。如果对国税中的交付税的转移和财政需求的交付税总额明显偏高，将变更交付税率（地方交付税法第6条第2项），但是和20世纪50年代后半期不同，在这一时期没有增加交付税率。取而代之的是，地方交付税的不足额用过交付税特别会计的借款（以下简称"特别会计借款"）以及追加发行地方债来筹集。

例如，在1975年补正预算中通过特别会计借款，在1976年当初预算中通过特别会计借款和增加发行地方债确保了交付税总额。特别会计借款，在1978年规定二分之一由地方负担，但是继续进行交付税特别会计借款的结果是，在1983年来，交付税特别会计的借款余额达到了大约11.5兆日元。1984年，特别会计借款从原则上被废止，余额中大约5.8兆日元被兑换成一般会计借款，1984年的资金不足通过一般会计的特别加算获得。另外，关于从1976年到1981年发行的地方债（减收填补债务），以相当于地方债总额的60%为限额，按政府资金的低利息把“临时地方特别交付金（利差临特）”交给了地方。

（4）20世纪80年代后半期~20世纪90年代初期。面临从第一次石油危机累积的财政赤字，从20世纪80年代开始才真正开始财政重建。作为其中一个环节，从1985年到1987年缩减国库支出金的补助率（见表5-1）。由于国库支出金是定律补助，所以补助率的消减会增加地方负担。这一地方负担增加从1986—1989年每年增加额超过1兆日元，针对这些情况虽然中央进行了填补，但是这种支援在经常经费和投资型经费中并不相同。

表5-1　　补助率的变迁　　单位：%

年份	1984	1985	1986	1987—1988	1989—1990	1991—1992	1993
生活保护费负担金	0.8	0.7	0.7	0.7	0.75	0.75	0.75
儿童保护费负担金	0.8	0.7	0.5	0.5	0.5	0.5	0.5
街路事业费补助	0.8	0.6	0.55	0.525	0.525	0.55	0.5
一般国道改修费补助	0.8	0.6	0.6	0.55	0.55	0.6	0.8

国库支出金的地方负担部分根据其义务性反映在标准财政需求额中，所以，如果是义务性比较高，那么由于补助率削减造成的资金不足就通过地方交付税来弥补。实际上，关于生活保护费和老人保护费等补助率缩减，通过单位费用和密度补正的提升来增加标准财政需求额。另外，经常经费的地方负担增加，也可以通过地方烟草税的增税和发行地方债（调整债务）来填补。由于补助率减少带来的负担增加，从1985到1988年四年

之间，达到2兆日元以上，而这2兆日元财政资源分别由24%的交付税、16%的烟草税增税、60%的地方债构成，其中地方债的利用率最高。

另外，虽然关于投资型经费的补助率削减了，但是仍维持了国库支出金的总额。这虽然意味着投资性经费总额（国库支出金+地方负担费）的增大，但是为了实现它，在地方有必要增加相应投资的全年支出。另外，把地方债（“临时财政特例债”以及“调整债”）的举债许可和当地发行的临时财政特例债的本利偿还金的大部分加到了以后的标准财政需求额中。还有，地方债本利偿还金的交付税措施（即通过地方交付税进行的填补），不只是国库支出金的对象——补助事业，同时也适用于“地方单独事业”（即不从国家获得补助，只在地方进行事业）。具体来说就是，在提高适合地方单独事业的地方债比率的基础上，通过把后来发生的该地方债的本利偿还金加到标准财政需求额中，对“单独”事业进行实质性“补助”的结构。这个方案也曾在“城镇建设特别对策事业”（1984年）、“家乡建设事业”（1988年）、“地区建设推进事业”（1990年）、“第二次家乡建设事业”（1993年）中利用。

并且，增加地方单独事业相应的标准财政需求额的比例。在1988年的“自己思考自己进行的地区建设事业（通称‘家乡创生1亿日元事业’）”中，各地方的标准财政需求额按两年度合计均增加1亿日元。另外，在上述“家乡建设特别对策事业”中，约15%的事业费是通过事业费补编入标准财政需求。

使用这种交付税，一方面，扩大了投资性经费；而另一方面，日本经济从20世纪80年代后半期到20世纪90年代筑起，呈现出后来被称为“泡沫经济”的势头。泡沫经济带来了税收的大幅度自然增长。虽然紧接着出现了中央的一般会计财政赤字，但是税收的增加被用于提前偿还交付税特别会计借款和缩减地方债发行，特别是在20世纪90年代初期，交付税特别会计的借款几乎全部被偿还。而且在1991—1993年，为了支持中央的“预算编成”还进行了交付税的特例缩减。

这样，一方面税收平稳增长，另一方面由于“内需扩大”，公共投资也得到扩大。政府在1986年宣布向“内需主导型经济成长”转换，1989年策划了投资规模430兆日元的“公共投资基本计划”。并且从1991年开始，如上所述，开始积极利用地方单独事业。

还有，随着1989年引入消费税，除了原有的三种国税，消费税和烟草税成为交付税的财政资源，并且交付税率也改变了。但是，这并没有使作为交付税财政资源的国税收入总额改变。

（5）20世纪90年代至今。1991年，泡沫经济结束。第二年8月，作为恢复经济对策，策划了综合经济对策，并于同年根据补正预算投入了实施。由于经济不景气造成了税收减少，为了恢复经济，采取了减税、扩大全年支出以及随着累积增加的地方债的本利偿还金等措施，由此，1994年以后，地方财政每年都陷入资金不足困境。如前所述，从20世纪80年代后半期开始，以投资性经费的交付税措施为代表的措施，扩大了标准财政需求额；另外，今后对应急速进步的少年老龄化社会，对标准财政需求额进行修订，也将起到增大需求额的效果。与此同时，地方税的减收使标准财政收入减少，使交付税的财政资源——国税也相应减少，并逐渐增大了地方交付税缴付额。

但是，1993年以后，在1997年由于增加了消费税和新设了消费赠送税，另外1999年作为由于法人税的持久性减税造成的交付税财政资源的填补，各种消费税和法人税的交付税率提高，反映出由于国税减收造成的严峻的国库状态，进行了提升使从一般会计向交付税特别会计的转移总额本身增大。这里填补地方资金不足的主要来源是地方债的增加发行以及增加交付税特别会计借款这些公共债务的增加。特别是20世纪90年代特别会计借款的使用非常明显。特别会计借款余额在1991年减到大概7000亿日元，而在20世纪90年代由于一连串的借款，在2002年年末又达到了38

兆日元。

5.1.2 转移支付制度框架

日本的纵向转移支付可以分为“地方交付税”“国库支出金”“地方让与税”三种。

1. 地方交付税

日本从明治时代确立中央集权化，第二次世界大战后通过“夏普劝告”等开始地方自治。日本和世界上许多国家一样也存在地区间经济发展不平衡问题，另外，日本中央和地方政府之间的行政财政关系属于“集权—融合”型，这使得中央政府对地方政府的权限以及财源的干预度依然较大。为解决这一问题，日本政府探索出了以地方交付税制度为代表的转移支付制度，该制度在均衡地区间财源方面发挥了重要作用。日本的转移支付制度（日本称转移支付制度为财政调整制度）产生于20世纪30年代。当时，由于世界经济危机的影响，日本农民收入减少，生活困难，而政府却为了应付危机不断加大税负，从而导致了农民的反抗和农村的动荡。为了稳定农村的局势，1936年，日本政府制定了市町村财政补助制度。1940年，为解决地方财政困难，日本政府将地租、房屋税和营业税划给地方，七年后正式成为地方税。至1954年，日本《地方交付税法》的通过，标志着地方交付税制成为转移支付制度的重要支柱。设立地方交付税制度是指为了纠正部分地方公共团体的财源不足及各个地方公共团体之间的财政不均衡，使其能够顺利行使自身事权。地方交付税构成地方公共团体的不加任何附带条件的一般财源，可由地方公共团体自主支配。

地方交付税原本应是地方政府的固有税收收入，即所谓的“中央代地方征收的地方税”。中央政府出于调整地方政府间收入不均衡，使所有地方政府都能够为国民提供均等化的行政服务的考虑，由中央代地方征收后根据一定合理的标准再分配给地方。

地方交付税是地方的一般财源，其功能作用由《地方交付税法》规定，中央不得对交付税的交付设置条件或限制其用途。交付税制度在一定程度上为所有的地方自治体提供标准均一的义务教育、警察及消防等行政服务提供了财源。日本地方交付税是保障地方行政按计划有序运转和均衡地方团体之间的财源，有两项基本功能，即财源保障功能与财源调整功能。按照法律规定，财源保障功能体现在：由国税三税（所得税、法人税、酒税）的一定比例加以提取构成地方交付税总额（所得税和酒税收入的32%、法人税收入的34%、消费税收入的29.5%以及烟草税收入的25%）；地方交付税是通过弥补地方政府的财政收支之间的缺口，平衡地区间财力使所有地方政府达到中央规定的公共服务水平。财政调节功能，即通过分配地方交付税，调整地方政府之间的财力差别。

地方交付税分为普通交付税和特别交付税。普通交付税占地方交付税总额的94%，以资金短缺的地方政府为转移对象；特别交付税占地方交付税总额的6%，以有特别需求的地方政府为转移对象，用于援助自然灾害，当普通交付税的金额远小于地方财政需求时交付给地方，是灾害等紧急时刻中央交付给地方的一种地方交付税。

2. 国库支出金

国库支出金规定了资金用途，并带有附加条件，接受政府要按规定和附加条件使用资金，不能挪作他用。国库支出金分为国库负担金、国库委托金及国库补助金三种。国库委托金是指先由地方政府出资、但实际负担义务在中央政府的经费，即当中央政府将本属于自己的事情委托给地方承办时，中央承担公共事务所需支付的全部经费，比如国会议员的选举及国势调查、自卫队驻扎费等费用；国库负担金根据法律规定是对中央与地方的共同事务所承担的经费，由普通国库负担金、建设事业国库负担金及灾害国库负担金构成，主要用于地方政府进行关系到整个国家利益的项目建设；国库补助金是中央政府为实现宏观调控和均衡发展，从奖励地方政府执行国家政策绩效的出发点设立的经费项目，包括科研费补助金、贸易振兴补助金、对公共事业的补助金等。

3. 地方让与税

地方让与税是地方政府的财源，为了征收方便而由中央政府代为征收。中央政府把航空燃料税、地方道路税、天然气税、汽车重量税和特别吨位税等五种税收收入的全部或按比例拨付给地方政府。其中汽车重量税、地方公路税和天然气税按照地方政府道路总长度和面积进行转移支付，与其所征收的地点没有关系，主要用于各地区道路建设和维护。航空燃料税依据飞机注入的燃料征收，用于机场设施维护以及飞机噪声污染的治理。特别吨位税按进入商业港口的海运船舶吨位征收，全部转让给征收地的市町村，由地方政府支配。地方交付税具有横向平衡地方政府间财政的功能，而地方让与税一般不具备此功能，或者说功能比较小。

5.1.3 日本转移支付的结构

税收是日本财政收入的主要组成部分，当税收不能满足财政支出需求时资金缺口只能由中央对地方进行转移支付来解决。中央财政收入中的约40%的收入均转移支付给地方，从而保障了地方政府行使地方事权所需资金。

日本2007—2012年转移支付结构如表5－2所示。其中地方让与税2007—2012年金额分别为714562百万日元、67826百万日元、1296551百万日元、2069189百万日元、2169911百万日元、2271480百万日元，占当年转移支付总额比重分别为2.8%、2.51%、3.97%、6.57%、6.24%、6.72%；国库支出金2007—2012年金额分别为10336486百万日元、11689000百万日元、16839119百万日元、14305191百万日元、16030396百万日元、15527112百万日元，占当年转移支付总额比重分别为40.47%、43.14%、51.56%、45.42%、46.09%、45.92%；地方交付税2007—2012

年金额分别为 15202745 百万日元、15406082 百万日元、15820237 百万日元、17193551 百万日元、18752268 百万日元、18289826 百万日元，占当年转移支付总额比重分别为 59.53%、56.86%、48.44%、54.58%、53.91%、54.08%。由此可知，在日本转移支付结构中，地方交付税所占比重最大，其次是国库支出金，地方让与税所占比重最小。

表 5－2　　日本转移支付结构　　单位：百万日元

结构＼年份		2007	2008	2009	2010	2011	2012
地方让与税	金额	714562	678826	1296551	2069189	2169911	2271480
	比重	2.80%	2.51%	3.97%	6.57%	6.24%	6.72%
	较前一年增长		－5.00%	91.00%	59.60%	4.90%	4.70%
地方交付税	金额	15202745	15406082	15820237	17193551	18752268	18289826
	比重	59.53%	56.86%	48.44%	54.58%	53.91%	54.08%
	较前一年增长		1.30%	2.70%	8.70%	9.10%	－2.50%
国库支出金	金额	10336486	11689000	16839119	14305191	16030396	15527112
	比重	40.47%	43.14%	51.56%	45.42%	46.09%	45.92%
	较前一年增长		13.10%	44.10%	－15.00%	12.10%	－3.10%
转移支付总额		25539231	27095082	32659356	31498742	34782664	33816938

资料来源：根据日本 2014 年地方财政白皮书数据制成。

http://www.soumu.go.jp/menu_seisaku/hakusyo/chihou/26data/2014data/26czs01-02.html#s010.

上面已经多次提到，日本转移支付分为地方交付税、国库支出金和地方让与税三种。从 2012 年转移支付结构来看，地方交付税金额为 18.2898 万亿日元，占转移支付总支出比重最高，为 51%。其次是国库支出金，为 15.5271 万亿日元，占转移支付总支出比重为 43%。地方让与税为 2.2715 万亿日元，占转移支付总支出比重为 6%。可以看出日本转移支付结构以地方交付税为主，国库支出金为辅，地方让与税仅占少数比例，具体见图 5－1。

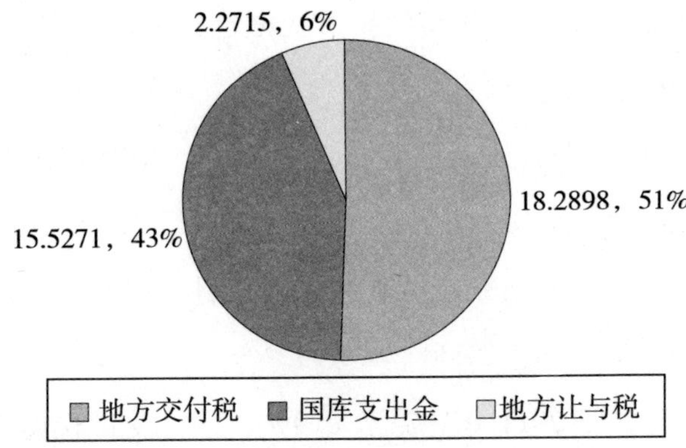

图 5－1　2012 年日本转移支付结构（单位：万亿日元）

1. 地方交付税结构及现状

地方交付税占地方财政收入比重从 1996 年至 2000 年为上升，2011 年后，由于地方交付税改革等总体呈下降趋势，2010 年再次转为上升。另外，2011 年由于增加应对灾后复兴的特别交付税及创设赈灾复兴特别交付税，比上年增加1.1%，比重为18.7%，连续两年上升（如图5－2 所示）。

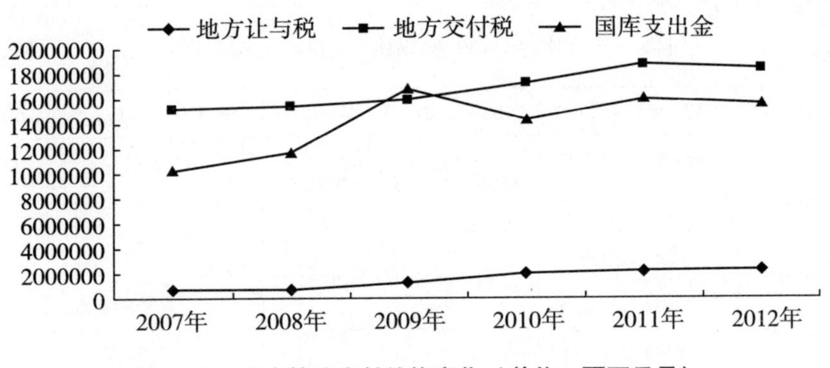

图 5－2　日本转移支付结构变化（单位：百万日元）

2011 年，由于应对灾后重建复兴的特别交付税，地方交付税比 2010 年增加 1 兆 5587 亿日元，连续四年增加。2011 年度地方交付税的决算额是 18 兆 7523 亿日元，比 2010 年增长 9.1%，占地方财政收入总额的 18.7%。从占地方交付税总额比例来看，都道府县占 51.7%，市町村占 48.3%。

从都道府县和市町村转移支付收入变化趋势可以看出（见表 5－3），日本地方财政在地方税方面有较大的自主权，从所占转移支付的比重来看，都道府县在 40% 左右，市町村在 30% 以上。2012 年地方交付税决算额为 18.2898 万亿日元，比 2011 年减少 2.5%。占地方财政收入总额的 18.3%。地方交付税的决算状况分行政层级来看，都道府县得到的地方交付税为 9.3171 亿日元，比 2011 年减少 3.9%。市町村得到的地方交付税为 8.9727 亿日元，比 2011 年比减少 0.9%，地方交付税总额中，都道府县得到的占到 50.9%，市町村级得到的占 49.1%。2012 年交付给地方公共团体的地方交付税总额为 17.4545 万亿日元，比上年增长 811 亿日元，增长 0.5%。

表 5－3　2012 年（日本平成 24 年）地方交付税结构

单位：百万日元,%

分类		普通交付税		特别交付税		震灾复兴特别交付税		合计	
		交付额	构成比	交付额	构成比	交付额	构成比	交付额（A）	构成比
都道府县		8726063	53.0	146834	14.0	444231	58.1	9317127	50.9
市町村	政令指定都市	(650425)	(3.9)	36956	3.5	30095	3.9	(717476)	(4)
		650425	3.9					717476	3.9
	中核市	(707251)	(4.3)	53833	5.1	20281	2.7	(781365)	(4)
		707251	4.3					781365	4.3
	特例市	(353244)	(2.1)	37477	3.6	5171	0.7	(395891)	(2)
		353244	2.1					395891	2.2
	都市	(4082238)	(24.8)	541736	51.7	199109	26.0	(4823083)	(26)
		4078357	24.8					4819202	26.3
	町村	(1958748)	(11.9)	230486	22.0	65650	8.6	(2254884)	(12)
		1962628	11.9					2258765	12.3

续 表

分类		普通交付税		特别交付税		震灾复兴 特别交付税		合计	
		交付额	构成比	交付额	构成比	交付额	构成比	交付额 （A）	构成比
市町村	合计	7751905	47.0	900488	86.0	320305	41.9	8972699	49.1
总计		16477968	100.0	1047322	100.0	764536	100.0	18289826	100.0

注：括号里面数值代表2012年（日本平成24年）4月2日至2013年（日本平成25年）3月31日市町村合并变动后的数值。

资料来源：http：//www.soumu.go.jp/menu_seisaku/hakusyo/chihou/26data/2014data/26czs01-02.html#s021。

2. 国库支出金结构及现状

日本国库支出金的数额相对较大，近年已超过10万亿日元，且在地方财政收入中占到15%～20%的比重，主要分配在教育、就业、灾害救济等方面。中央给予地方的国库支出金额度，并不能满足地方政府在上述方面的全部实际需要，地方也要承担相当比例的资金，如社会福利方面的一些细目，国库支出金承担二分之一，义务教育费中央负责三分之一至二分之一。

2012年预算决算显示，国库支出金规模约15.5271万亿日元，比上年减少3.1%，占地方财政收入的比重为15.6%，比上年比重降低0.4%。

从国库支出金的种类来看，生活保护费负担金为2.7638万亿日元，占国库支出金总额的17.8%；义务教育负担金为1.5300万亿日元，占9.9%；儿童补贴交付金为1.4761万亿日元，占9.5%；东日本大地震复兴交付金为1.3127万亿日元，占8.5%；普通建设事业费支出金约为1.2953万亿日元，占8.3%。以上几种支出占国库支出金总额的近54%。

从地方政府层级来看，都道府县级政府义务教育费负担金为1.53万亿日元，占国库支出金总额的23.1%；其次占比最高的是普通事业费支出金，为7737亿日元，占11.7%。另外，从市町村层级来看，占比最高的是生活保护费负担金，为2.621万亿日元，占国库支出金总额的29.4%。再次是儿童补贴交付金为1.4761万亿日元，占16.6%，第四是东日本大地震复兴交付金为1.0859万亿日元，占12.2%。

和2011年相比，由于生活保护费领取者人数的增加导致2012年度生活保护费负担金支出比2011年增加1.6%，义务教育负担金减少0.6%，儿童补贴交付金降低16.8%，日本大地震复兴交付金增加424.6%，普通事业费支出金降低21.5%。另外，灾害恢复事业费支出金由于东日本大地震的灾后重建事业增加58.9%。其具体情况见表5－4。

表5－4　2012年（日本平成24年）日本国库支出金结构　单位：日元，%

项　目	都道府县		市町村		合计	
	金额	比重	金额	比重	金额	比重
义务教育费负担金	1529962	23.1	—	—	1529962	9.9
生活保护费负担金	142847	2.2	2620957	29.4	2763804	17.8
儿童保护费等负担金	132624	2.0	452660	5.1	585284	3.8
残疾人自立支援负担金	69748	1.1	855670	9.6	925417	6.0
私立高中等日常经费赞助费补助金	109423	1.7	—	—	109423	0.7
育儿补助交付金	—	—	1476088	16.6	1476088	9.5
公立高中学费免除交付金	221538	3.3	14063	0.2	235600	1.5
高等学校等就学支援金交付金	134602	2.0	—	—	134602	0.9
普通建设事业费支出金	773668	11.7	521634	5.9	1295302	8.3
灾害恢复事业费支出金	381234	5.8	209562	2.4	590796	3.8
事业对策事业费支出金	—	—	—	—	—	—
委托金	133973	2.0	92752	1.0	226725	1.5
普通建设事业	7365	0.1	2392	0	9757	0.1
灾害恢复事业	15	0	735	0	750	0
其他	126593	1.9	89625	1.0	216218	1.4

续 表

项 目	都道府县		市町村		合计	
	金额	比重	金额	比重	金额	比重
财政补贴	3960	0.1	5053	0.1	9014	0.1
国有提供设施等所在地市町村赞助交付金	33	0	33507	0.4	33540	0.2
交通安全对策特别交付金	39245	0.6	28560	0.3	67805	0.4
电源位置地区对策交付金	89496	1.4	35378	0.4	124875	0.8
特定防卫设施周边整备调整交付金	—	—	20999	0.2	20999	0.1
石油储藏设施位置对策交付金	5470	0.1	—	—	5470	0
社会资本整备综合交付金	628572	9.5	574441	6.5	1203013	7.7
地区自主战略交付金	462703	7.0	44338	0.5	507041	3.3
东日本大地震复兴交付金	226869	3.4	1085867	12.2	1312736	8.5
其他	1536427	23.0	833189	9.2	2369616	15.2
合计	6622394	100.0	8904718	100.0	15527112	100.0

资料来源：2014 年（平成 26 年度）地方财政白皮书（平成 24 年度决算）。

http：//www. soumu. go. jp/menu _ seisaku/hakusyo/chihou/26data/2014data/26czs01 – 02. html #s025.

3. 地方让与税结构及现状

2012 年度决算数字显示，地方让与税总额为 2. 2715 万亿日元，比上年增长 4. 7%。占地方财政收入比重为 2. 3%。其中，汽车重量让与税为 2806 亿日元，地方挥发油让与税为 2828 亿日元，石油天然气让与税为 109 亿日元，飞机燃料让与税为 140 亿日元，地方法人特别让与税为 1. 6709 万亿日元。2012 年日本地方让与税规模如表 5 –5 所示：

表 5－5　　**2012 年日本地方让与税规模**　　单位：日元

种类	2012 年			2011 年		
	都道府县	市町村	合计（A）	都道府县	市町村	合计（B）
地方挥发油让与税	147500	135291	282792	148179	134414	282593
地方道路让与税	1	0	1	1	0	1
特别吨位让与税	356	11863	12218	388	11710	12098
石油天然气让与税	9332	1585	10917	9735	1618	11353
汽车重量让与税	—	280587	280587	—	308050	308050
飞机燃料让与税	2805	11219	14024	2615	10459	13074
地方法人特别让与税	1670941	—	1670941	1542742	—	1542742
合计	1830934	440546	2271480	1703659	466252	2169911

资料来源：日本总务省网站。

http://www.soumu.go.jp/menu_seisaku/hakusyo/chihou/26data/2014data/26czb01-03.html#p01030202.

5.2 中国转移支付制度结构分析

5.2.1 我国政府间财政转移支付历史回顾[①]

财政转移支付是财政管理体制的一个重要方面，因此，依据我国财政管理体制的历史变化，就可以了解到我国财政转移支付制度变化的轨迹。

1. 计划经济时期财政转移支付制度

计划经济时期财政转移支付制度按照财政管理体制从集中到相对分散的过程，又可以细化为：国民经济恢复时期、“一五”时期、“大跃进”时期、1961—1965 年调整时期及“无产阶级文化大革命”时期五个阶段。

---

① 马海涛，姜爱华，等．政府间财政转移支付制度［M］．北京：经济科学出版社，2010.

（1）国民经济恢复时期。我国在国民经济恢复时期财政管理体制很集中。虽然1951—1952年这两年开始实行了初步的分级管理，但从实质上看，仍然是统收统支的办法。这个时期实行的高度集中的统收统支的财政体制，在短时间内改变了过去长期分散管理的局面，平衡了财政收支，稳定了市场物价，保证了军事上消灭残敌、经济上重点恢复的资金需要，促进了财政经济状况的好转。

国民经济恢复时期我国财政转移支付的形式有：①全额补助。1950年，地方政府的财政支出都由中央财政拨付。②收入分享。1951—1952年，当地方政府的财政收入不够其支出时，不足部分由中央和地方比例分成收入抵补。③体制补助。1951—1952年，地方政府的财政收入不够支出时，其不足部分由比例分成收入抵补后如果还不能平衡，再由中央财政给予相应的拨款补助。④体制上解。1951—1952年，地方财政收入大于财政支出的，将其收大于支出的部分全部上解中央财政。

（2）“一五”期间。1953—1956年实行收入分类分成办法，到1957年实行总额控制办法。财政体制变化的总趋势是逐步加大地方财政的管理权限，逐步健全“统一领导、分级管理”的财政体制。“一五”时期，中央支配的财力平均占国家预算的75%，地方支配的财力平均占25%。“一五”时期比较集中的财政体制基本使用了当时国家有计划、大规模地进行经济建设的需要，集中资金建成了156项重大工程。1953—1956年，全国工业总产值平均每年递增19.6%，农业总产值平均每年递增4.8%。

“一五”时期财政转移支付的形式有：①收入分享。一是固定比例成分。地方政府的财政收入不够支付其支出时，不足部分由中央与地方的固定比例分成收入抵补。二是调剂收入分享。地方政府财政收入不够其支出时，不足部分由中央与地方的固定比例分成收入抵补后如果还有差额，由中央划分给地方的调剂收入弥补。②专项拨款。中央政府对地方政府自然灾害和防汛等安排了一部分专项拨款。专项拨款要做到专款专用，不能随便调剂使用。

（3）“大跃进”时期。1958年财政管理体制改革是在总结第一个五年计划的经验基础上，探索适合中国国情的责、权、利相结合体制的一种尝试。改革的方向是正确的，调动了地方增收节支的积极性。但是，这次体制改革是在“大跃进”中进行的。在“左”倾错误思想影响下，过多地下放了中央管理的企业，过多地扩大了地方和单位的财权，过分地分散了国家财力，是这次改革没有达成预期目的。从1959年起，又实行了“总额分成，一年一变”的财政体制，试图通过“一年一变”的办法改革财力分散和宏观失控的问题。但是，由于“左”倾思想泛滥，决策失误，难于奏效。

“大跃进”时期财政转移支付的形式有：①收入分享。一是企业分成。1985年，地方政府用固定收入不能满足正常支出需要时。由中央划给地方的企业分成收入解决，多余的部分确定一个比例上缴中央财政。二是调剂分成。1985年，如果地方政府用固定收入加上企业分成收入仍不能满足正常支出需要时，由中央划给一定比例的调剂分成收入，这种情况在地方占多数。三是总额收入分成。1959年，取消地方固定收入、企业分成收入和调剂收入。开始实行总额收入分成。②体制补助。1958年，如果地方政府用固定收入、企业分成收入、调剂分成收入仍然不能满足正常支出需要时，再由中央财政给予相应的拨款补助。1959年，财政收支按计划包干，收入小于支出的地方，不足部分按比由中央财政补助。③体制上解。1958年，如果地方财政收入大于财政支出的，将其收入大于支出的部分确定一个比例上解中央财政。1959年，财政收支按照计划包干，收入大于支出的地方，多余部分按比例上缴中央财政。④中央专项拨款。1958年，中央专项拨款包括基本建设支出、重大自然灾害救济、大规模移民垦荒等特殊支出。1959年取消了中央专项拨款。

（4）1961—1965年调整时期。这个时期，财政管理体制比较集中，但与新中国成立初期和“一五”时期的集中相比，集中当中有分散，集中的合理，分散的适度，该紧的紧，该松的松，因此收到了良好的成效，国民经济逐渐恢复了生机。1962—1965 年，工农业总产值平均每年增长15.7%，国民平均每年增长 14.5%，财政收入平均每年增长 15%。

该时期财政转移支付的形式有：①体制补助。如果地方政府固定收入不能满足正常需要时，由中央财政给予相应的拨款补助。②体制上解。如果地方财政收入大于财政支出的，将其收入大于支出的部分确定一个比例上缴中央财政。这是一种主要的转移支付形式。1956 年，地方财政收入占国家财政收入的比重为 67%，地方财政支出占国家财政支出的比重为37.8%。③中央专项拨款，包括基本建设支出、重大自然灾害救济、大规模移民垦荒等特殊支出。

（5）“无产阶级文化大革命”时期。这个时期，财政体制频繁变动。1968 年被迫实行收支两条线的办法。1971 年实行收支大包干的办法。1973 年实行收入固定比例留成的办法。1976 年实行“收支挂钩，总额分成”的办法。这个时期的财政管理体制变动频繁，基本上维持过日子，它的弊端很多，不可能取得好的效果。

该阶段财政支付形式主要有：①全额补助。1968 年地方财政支出全部由中央财政拨款。②包干上缴。1971—1972 年，地方收入大于支出的，即绝对数包干上缴中央财政。③体制上解。1966—1967 年和 1973—1976 年，地方税收入大于支出的，按确定的比例上缴中央财政。④差额包干补助。1971—1972 年，地方指出大于收入的，由中央财政按差额包干进行补助。⑤体制补助。1966—1967 年和 1973—1976 年，地方收入小于支出，由中央财政进行补助。

2. 改革开放分税制改革期间财政转移支付制度

改革开放分税制改革期间财政转移支付制度按照财政转移支付形式的不同细划为 1977—1979 年、1980—1984 年、1985—1987 年、1988—1993

年四个阶段。

（1）1977—1979 年。这个时期，在财政管理体制方面进行了一些有益的探索，先是于 1977 年在江苏省进行固定比例包干的试点，继而于 1978 年在部分省市进行了“增收分成，收支挂钩”办法，1979 年又实行了“收支挂钩，超收分成”办法。所有这些为后来进行的财政管理体制改革做了某些准备，积累了一些经验。

该阶段财政转移支付的形式有：①总额收入分成。按照中央与地方确定的总额收入分成比例进行。②专项拨款。对一些特大自然灾害，中央财政进行专项补助。

（2）1980—1984 年。这个时期财政管理体制的主要特点是：一是由过去全国“一灶吃饭”改为“分灶吃饭”；二是财力分配由“条条”为主改变为以“块块”为主；三是包干比例和补助数额由一年一定改为一定五年不变；四是对全国各地的体制不作统一的硬性规定。允许几种体制同时并存。实行这种体制，有利于调动地方政府的积极性，但是，由于统收的办法打破了，统支的局面没有大的改变，中央掌握的财力过少，支出负担过重，要靠向地方借款过日子。这些问题有待进一步改进。

这一时期财政转移支付的形式主要有：①收入分享形式。一是总额收入分成。1980 年实行总额收入分成的有 4 个省、直辖市，1981 年有 6 个省、直辖市。1982—1984 年有 15 个省、直辖市。二是调剂收入分析。1980 年有 1 个省。②定额补助。对 8 个民族地区和部分省，中央财政实行定额上解。③专项拨款。从 1980 年开始，设立支援不发达地区发展基金，对边远地区、少数民族地区、革命老区和经济基础比较差的地区进行专项补助。

（3）1985—1987 年。这个时期本来就决定实行“划分税种，核定收支，分级包干”的财政管理体制，但是由于条件不具备，实际上实行的是“总额分成”财政管理体制，同以前的“总额分成”办法基本一样，在实践中没有取得什么大的成效。

这一时期财政转移支付的形式有：①总额收入分成。1985 年实行总额收入分成的有 15 个省、直辖市。1986—1987 年除海南省外，其余省、自治区、直辖市全部实行总额分成，但比例不一样。其中，1986 年总额分成比例为 100% 的有 17 个省、自治区，1987 年有 18 个。②定额补助。对 8 个民族地区和部分省，中央财政给予定额补助。1985—1987 年实行定额补助的有 13 个省、自治区。③比例上解。1986 年，有 12 个省、直辖市按一定比例上解中央收入。1987 年，有 11 个省、直辖市按一定比例上解中央收入。④定额上解。1985 年只有广东省对中央财政实行定额上解。1986 年，广东和黑龙江 2 个省定额上解。1987 年，广东、黑龙江和山东 3 个省定额上解。⑤专项拨款。从 1985 年开始，专项拨款逐年增加。

（4）1988—1993 年。这个时期财政管理体制的基本特点是财政包干体制，包括收入递增包干、上解额递增包干等六种具体形式。

该阶段财政转移支付的形式有：①收入分享。一是总额收入分成。实行这种办法有 3 个省、直辖市。二是总额分成加增长分成。实行这种办法的有 3 个市。三是比例分成。实行这种办法的有 10 个省、市。②定额补助。1988—1993 年实行定额补助的有 14 个省、自治区。③定额上解。实行这种办法的有 3 个省、直辖市。④递增上解。实行这种办法的有 2 个省。⑤专项拨款。中央对地方的专项拨款逐年增加，涉及的范围越来越广。

3. 过渡期财政转移支付制度

1995 年财政部发布《过渡期转移支付办法》，标志着以均等化公共服务为目标的财政转移支付制度正式建立，以后每年根据情况变化修订完善后重新公布，但整个制度结构没有根本变化，2002 年后改称《一般性转移支付办法》。

1995—2001 年过渡期转移支付办法。国务院决定，从 1994 年 1 月 1 日起实行分税制财政管理体制，并从 1995 年起实行了过渡期转移支付办法。

过渡期转移支付是我国当时政府间财政转移支付的一种类型，是在分税制体制确立后，规范的政府间财政转移支付制度尚未建立之前，采用的一种过渡性财政转移支付形式。

过渡期转移支付的基本原则：一是不调整地方既得利益，中央财政从收入增量中拿出一部分资金，逐步调整地区之间的利益分配格局；二是兼顾公平与效率，力求公正、合理、规范，同时要考虑各地收入努力程度因素，调动地方增加收入的积极性；三是有所侧重，重点在于缓解地方财政运行中突出矛盾，体现对少数民族地区的适度倾侧。

过渡期财政转移支付的对象不是所有地区，而是财政较为困难的地区。究竟是哪些地区可作为转移支付对象，不是凭印象，而是通过数量分析确定的。其具体步骤是：核定各省、各自治区、直辖市的财政标准收入与财政标准支出数额，凡标准收入不能够满足标准支出，出现支大于收的地区列为过渡期财政转移支付对象。

过渡期转移支付方案具体有四个特点：①不触动地方既得利益，分税制确立的四种转移支付形式继续执行，保持了分税制的相对稳定，保护了地方发展经济、组织收入的积极性。②中央财政从收入增量中拿取一部分资金用于转移支付，适当向少数民族地区及财力薄弱地区倾斜，既体现了民族政策，又有助于缓解地方财政运行中的突出矛盾，适当缩小地区间存在的差距。③转移支付方案相对于过去的体制补助等办法，在规范化、科学化方面迈出重要一步。④转移支付方案建立了有效的激励机制。

5.2.2 转移支付制度框架

转移支付的概念正式引入中国始于1994年分税制财政体制改革。由于中国长期以来政治体制、经济发展水平以及历史文化的影响，中国的政府间转移支付的形式主要是中央政府对地方政府自上而下的纵向转移支付，该制度在平衡各级政府财力、弥补地方政府支出缺口、促进均等化公共产品、优化各地区资源配置等方面发挥了重要作用。但缺乏同级政府之间的横向转移支付也是其存在的一个问题。

中国转移支付制度具体分类经过了数次改革的过程。2009 年以前纵向转移支付包括财力性转移支付和专项转移支付两种。财力性转移支付是指“对自有财政收入（含按财政体制规定上级财政给予的返还与补助收入）不能满足支出需求，或上级政府出台减收增支政策形成财力缺口的地区，按照规范的办法给予的补助。接受补助的地方政府可以按照相关规定统筹安排和使用”①。专项转移支付指的是“中央财政为实现特定的宏观政策及事业发展战略目标，以及对委托地方政府代理的一些事业或中央地方共同承担事务进行补偿而设立的补助基金，指定使用用途”②。

2009 年，中央对地方的转移支付简化为一般性转移支付与专项转移支付两类，其中，一般性转移支付是指“对自有财政收入（含按财政体制规定上级财政给予的返还与补助收入）不能满足支出需求、或上级政府出台减收增支政策形成财力缺口的地区，按照规范的办法给予的补助。接受补助的地方政府可自主统筹安排和使用”。一般性转移支付是中央对地方无条件补助支出，主要用于均衡地区间财力差距，实现地区间基本公共服务能力的均等化，地方可以统筹安排一般性转移支付资金。一般性转移支付包含原财力性转移支付，主要是将补助数额相对稳定的原列入专项转移支付的教育、社会保障和就业、公共安全、一般公共服务等支出改为一般性转移支付；原一般性转移支付名称修改为均衡性转移支付。专项转移支付具体包括教育、科学技术、社会保障和就业、医疗卫生、环境保护、农林水事务、一般公共服务、国防、公共安全、文化体育与传媒、城乡社区事

① http：//www. gov. cn/2008ysbg/content_929233. htm.

② 财政部网站。

务、工业商业金融等事务、交通运输等领域的补助收入等①。

5.2.3 转移支付结构及规模

1. 转移支付规模变化

从历年财政决算数据（见表5－6）来看，中央财政对对地方转移支付规模呈不断扩大趋势。1994—2013年，中央对地方专项转移支付合计金额为121403.86亿元，占转移支付总额的49.74%。2013年，中央对地方一般及专项转移支付规模达到42973.18亿元，其中，一般性转移支付24362.72亿元，专项转移支付18610.46亿元。

表5－6　　中央对地方转移支付规模　　单位：亿元

年份	专项转移支付		财力性/一般性转移支付		合计	
	金额	比重	金额	比重	金额	比重
1994	361	72.6%	136	27.4%	497	100.0%
1995	375	66.3%	191	33.7%	566	100.0%
1996	489	75.5%	159	24.5%	648	100.0%
1997	516	72.8%	193	27.2%	709	100.0%
1998	889	81.0%	209	19.0%	1098	100.0%
1999	1360	78.1%	382	21.9%	1742	100.0%
2000	1648	71.1%	670	28.9%	2318	100.0%
2001	2237	64.8%	1215	35.2%	3452	100.0%
2002	2435	60.6%	1580	39.4%	4015	100.0%
2003	2425	56.5%	1864	43.5%	4289	100.0%
2004	3423	56.8%	2605	43.2%	6028	100.0%
2005	3517	48.0%	3814	52.0%	7330	100.0%
2006	4412	46.1%	5159	53.9%	9571	100.0%

① 财政部网站：《关于修订2009年转移性收支科目的通知》，财预〔2009〕405号。

续 表

年份	专项转移支付		财力性/一般性转移支付		合计	
	金额	比重	金额	比重	金额	比重
2007	6898	49.3%	7093	50.7%	13991	100.0%
2008	9962.4	53.3%	8746.2	46.7%	18709	100.0%
2009	12360	52.2%	11317	47.8%	23677	100.0%
2010	14112	51.6%	13236	48.4%	27348	100.0%
2011	16570	47.5%	18311	52.5%	34881	100.0%
2012	18804	46.7%	21430	53.3%	40234	100.0%
2013	18610.46	43.3%	24362..72	56.7%	42973.18	100.0%
合计	121403.86	49.7%	122672.92	50.3%	244076.18	100.0%

资料来源：财政部网站。

注：1994—2008 年中央对地方转移支付分为财力性转移支付和专项转移支付两种，自 2009 年开始，中央对地方转移支付类型变为一般性转移支付和专项转移支付两种。表中数字均为决算数字。

如图 5－3 所示，2004 年以前，专项转移支付规模一直大于一般性转

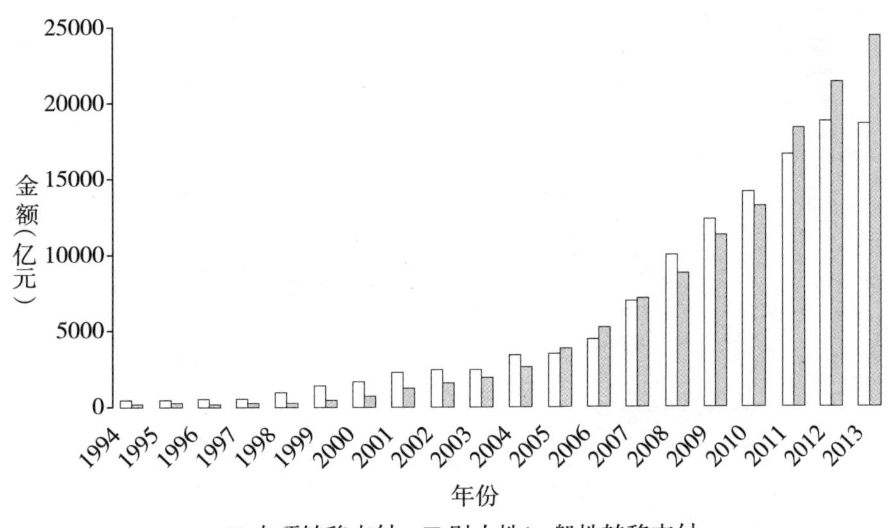

图 5－3　中央对地方转移支付规模变化

移支付规模，直到2005年开始，一般性转移支付规模开始大于专项转移支付规模。从分别所占比重来看，2008年以来，专项转移支付规模及比重持续下降，分别是9962.4亿元（53.3%）、12360亿元（52.2%）、14112亿元（51.6%）、16570亿元（47.5%）、18804亿元（46.7%）、18610.46亿元（43.3%）；与之相对应，一般性转移支付规模及比重持续上升，分别是8746.2亿元（46.7%）、11317亿元（47.8%）、13236亿元（48.4%）、18311亿元（52.5%）、21430亿元（53.3%）、24362.72亿元（56.7%）。

如图5－4所示，从两种转移支付的比重来看，财力性/一般性转移支付占中央对地方转移支付总额的比重从1994年的27.4%上升至2012年的53.3%，提高了25.9个百分点；同时，专项转移支付的比重由72.6%下降至46.7%，降低了25.9个百分点。

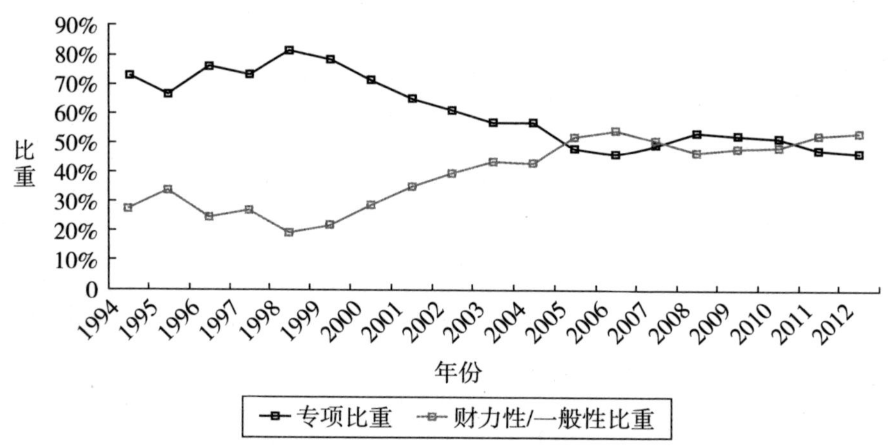

图5－4　专项转移支付和财力性/一般性转移支付比重变化图

2. 转移支付结构变化

自1995年制定《过渡期转移支付办法》开始，我国一般性转移支付逐步规范。目前事实上的转移支付的结构格局如表5－7所示。

表 5－7　　中国 2009—2013 年转移支付结构及规模变化　　单位：亿元

种类	专项转移支付	一般性转移支付	税收返还
2009 年	12359. 89	11317. 20	4886. 70
2010 年	14112. 06	13235. 66	4993. 37
2011 年	16569. 99	18311. 34	5039. 88
2012 年	18791. 52	21471. 18	5120. 77
2013 年	18610. 46	24362. 72	5046. 74
合计	80443. 92	88698. 1	25087. 46

资料来源：由财政部《2009—2013 年中央对地方税收返还和转移支付决算表》相关数据制成。

在中国 2009—2013 年转移支付结构及规模变化表中可以看出，2009—2010 年专项转移支付①高于一般性转移支付、税收返还。自 2008 年开始转移支付资金开始向一般性转移支付倾斜，所占规模逐年增大，比重逐年提高，2011 年开始所占比重开始超过专项转移所占比重，成为排名第一位的转移支付资金，专项比重逐渐削弱，税收返还仅占较小比重。

5. 3　中日转移支付制度结构比较

5. 3. 1　转移支付制度框架比较

由于政府间收入和支出划分责任不可能完全匹配，地方政府的支出需求与本级收入来源存在缺口几乎是一种常态，因此需要建立必要的协调机制和均衡机制。在理论上，一个国家的财政均衡分为纵向均衡和横向均衡，但在实际运行中，发达国家在转移支付制度设计上，一般将横向财政均衡作为制度设计的重点。中日两国在实施财政均衡政策过程中，均将一

① 这里的专项转移支付只限于预算资金安排的专项，不包括国债资金安排的项目转移支付。

般性转移支付和专项转移支付两种方式结合使用，以纵向财政不均衡的调整为主。但是由于上级政府政策目标的重点不同，两种转移支付方式在运用中虽然结合使用，但有主有次。一般而言，如果平衡地区间财政收入差异为首要目标，中央政府便会更多地采用一般性转移支付方式。如果增强地方公共服务能力是中央政府的主要政策目标及意图，无可厚非专项转移支付将会是主要的方式。特别是中央政府为了顺利完成特定政策目标，鼓励地方政府的参与积极性时会倾向于多采用配套性转移支付，以发挥转移支付的黏合作用。日本的转移支付制度设计，很注意交叉运用多项补助方式。实施对地方的转移支付不一定仅限于使用某一补助方法，而是根据具体情况不同，灵活运用。其内容包括不规定用途并无附加条件的一般性补助即地方交付税和规定用途有附加条件的专项补助资金即国库支出金。两者要实现的目标各有不同，地方交付税是促进公平、实施地区间财政收入协调政策时所采取的主要方式，而国库支出金的目标是达到效率，提高公共产品的供给水平。日本政府多采取地方交付税的形式直接增强地方公共团体可用财力，而对某一种或某几种公共产品的提供，则多采用国库支出金的方式。另外，由于日本各地方政府间不存在行政隶属关系，因此在拨款形式上，不存在省对下的转移支付。中国则不同，上下级政府之间均为隶属关系，省以下转移支付是一个重要组成部分。总的来看，中日转移支付都缺少横向转移支付，主要靠纵向转移支付发挥作用，这是两国相同之处。不同之处是中国有省以下的转移支付而日本没有。缺少横向转移支付应该说是两国转移支付制度的公共缺陷。

5.3.2　转移支付种类比较

日本地方交付税这一形式的转移支付如果说非要从我国转移支付形式中找出一种与之较为接近，无疑当推我国的一般性转移支付，是没有指定用途的一般补助金。其资金来源是中央所得税、法人税、酒税、消费税、烟税的一定比例，而中国一般性转移支付的资金来源则是从中央财政一般预算收入中斟酌确定。

日本国库支出金，类似于我国转移支付中的专项转移支付，是中央向地方交付的特定补助金的总称。从事权上划分，我国的专项转移支付也分为三种：第一种是属于上级政府事务，由上级政府负担全部资金，并由地方具体安排落实，类似于日本的"国库委托金"；第二种是属于上下级政府的共担事务，两者之间按照一定比例合理分担资金，类似于日本的"国库负担金"；第三种是属于下级政府独立事务，上级政府根据项目实绩和事业发展需要等，给予下级政府适当的奖励性或引导性补助，类似于日本的"国库补助金"。日本国库支出金的金额约占日本地方财政收入的13%左右，其支出分为直接补助和间接补助两种，根据特定事业实施主体的不同，可直接拨付给都道府县、市町村，或经由都道府县拨付给市町村。中央政府对都道府县政府补助最多的项目是义务教育，对市町村级政府补助最多的是用于贫困者生活保障。从我国专项转移支付的用途来看，近年来用于竞争性领域的专项转移支付逐步减少，除了国家要求重点保证的支出项目以外，多用于公共设施、社会保障、义务教育、医疗卫生、生态环境治理、支援经济不发达地区等公共支出方面。

地方让与税和我国的税收返还接近，但不同的是我国的税收返还是不规定具体用途的，而日本的地方让与税是指定用途的。

5.3.3 转移支付结构比较

在中日转移支付结构中，不同的是一般性转移支付和专项转移支付比重存在较大差别，但相同的是，一般性转移支付基本上都用于财政均等化，主要解决财政纵向不平衡的问题。而专项转移支付都相对集中在教育、卫生及基础设施建设等项目，主要是为了确保各地区居民可以享受全国或本地区均一的基本公共服务水平。

日本比较重视一般性转移支付资金的使用。日本的一般性转移支付被称为地方交付税，财务省拨付给总务省后，由总务省负责分配。日本将25%的烟税，24%的消费税和32%所得税、法人税、酒税作为地方交付税的资金来源。在1997财政年度，日本一般性转移支付与专项转移支付在转移支付总额中所占比例分别为51%和49%。

5.3.4 转移支付规模比较

中日政府间转移支付普遍表现出规模大的特征。中国财政收入在国家收入中占据主导地位，是顺利实施转移支付制度的前提和保证。日本国税收入约占全国总税收的60%，国税中约30%要通过转移支付拨给地方自治团体。由于在政府间初次分配过程中中央税收收入一般保持在61%～65%的水平，所占比重较大。而财政支出主要由地方政府承担，因此形成中央政府向地方政府大量转移支付的局面。如均衡性转移支付，全国47个都道府县除东京都外均享受转移支付。日本直接对两级地方政府进行转移支付，与我国只对省级政府进行转移支付相比，其优点是能够充分考虑各地各级的特殊因素，各地区转移支付规模较为明确，均衡效果较为理想，避免苦乐不均。如均衡性转移支付总额是根据五种国税的一定比例确定的，从而可以减少随意性；在税收返还中，地方让与税的标准也相对比较固定。确定了制衡与监督机制，对违规者的惩罚手段包括劝告、部分或全部扣减地方政府均衡性转移支付、扣减地方让与税等。对于专项转移支付的使用过程及效果，中央有关部门有权进行监督，并要求各地方政府提交使用情况报告。

5.4 小结

总之，在转移支付制度框架上，中日都缺少横向转移支付，这是共同的缺陷。在转移支付结构上，日本转移支付种类多，可交叉灵活使用，提高效率，而中国转移支付种类比较单一。日本地方交付税透明度高，便于监督，而中国转移支付透明度差。日本三种转移支付由中央直接对地方两级支付，没有中间环节，避免政策变形，中国则不同。日本转移支付对市级政府补助主要用于贫困者生活保障，对道府县政府补助主要是公共产品及服务，在这方面中国应吸取。日本专项转移支付有不配套的专项转移支付，中国专项转移支付全部要求配套，也应学习日本的做法。

6　中日转移支付资金分配比较

量化是科学合理的客观标志，转移支付制度作为协调中央财政与地方财政关系的工具，其转移支付量的测算和分配是十分关键的，它直接关系到地方利益，也与中央补助额的大小及配置效率有着密不可分的联系。本章主要围绕中日转移支付资金的分配和拨付机制进行比较，具体包括：资金计算分配的机构、转移支付资金的计算方法、资金的拨付程序等方面。

6.1　日本转移支付资金分配

在日本，如果市政府和地方政府的基本财政需要大于其基本财政税收收入，他们就能够得到中央政府的转移支付（地方交付税等）。基本财政税收是测量地方政府征税能力的一个标准方法，它可以通过汇总地方的应税品和中央政府设定的一系列标准税率来计算。基本财政需求的定义是：地方政府为了保证其公共服务达到中央政府所规定的标准而需要的资金额数。

日本对转移支付量的测算采用的是“因素法”，如地方公路让与税、液化石油气让与税和汽油吨位税这三种让与税的转让金额便是根据道路的总长度和面积等客观标准来确定，做到了测算前的因素量化。中央政府规定了当地方政府所应提供的基本公共服务：警察局、消防局、义务教育（小学和中学）、建设和园林景区的维修，以及当地公路和桥梁。衡量基本财政需要的出发点是先衡量“模范地方政府”的开支需要。如1989年，模范城市政府应该有10万人口和160平方千米的面积。下一步是计算模范群体中各种消费类别的基本政府需求。计算方法可以用“测量单元”，例如，人口、公共学校孩子的数量、公路长度，乘以一个恰当的单位成本。

要计算单个行政区的基本财政需要，可以用每个支出类别的单位成本乘以恰当的测量单位，用产品总量乘以一组“修正系数”。修正系数可以根据每个模范城市制度、物质的、社会的和经济的特征来调整该市的基本财政需求。修正系数可以用来调整经济规模、人口密度、不同生存成本，以及其他原因造成的额外成本，这些原因包括特别寒冷的气候、人口的迅速增加或减少、较高的债务服务率，以及各地学生团体构成的不同（例如，在高校和职业学校的学生比例）。

6.1.1 普通交付税的分配

普通交付税的分配需要几个要素，首先，需要根据税收状况计算交付税的收入总额；其次，地方公共团体制订的地方财政计划及交付税总额；最后，总务省核算对各个地方公共团体补助的具体金额。

1. 交付税收入额的决定

总务大臣每年最迟于8月31日前确定应交付的普通交付税的金额（《地方交付税》第10条）。普通交付税于每年4月、6月、9月及11月，分四次交付（《地方交付税》第16条第1项）。如遇大的自然灾害，也可特殊情况特殊对待，提前交付。关于交付税的财源，《地方交付税法》第6条规定，所得税、法人税及酒税收入的32%，消费税收入的29.5%构成交付税和五个特定项目的国税以一定比率（法定税率部分）联动决定。法定税率部分的总额直接列入交付税特别会计和一般会计分别核算。另外，如果法定税率部分还不足交付税的财源，从一般会计挪用一部分加上从交付税特别会计的借入金。这样算出的财源分配给各地方团体。

这样，交付税的收入额由法定税率部分金额和一般会计挪用额及交付税特别会计借入金这三项的总额。

2. 地方财政计划的制订和交付税总额的决定

每年地方交付税的总额根据地方财政计划决定，地方财政计划是每年度的地方财政收支的估算额，和中央预算连动，在总务省和财务省之间进行协调，每年 12 月决定。

在地方财政计划制订之际，首先，估算出地方的财政支出额，决定财政支出总额，然后估算财政收入额。加算地方税收估算额、国库补助负担金、地方债额度以及上述法定五税部分。这样算出来的财政收入额不能满足财政支出额时，通过增加交付税总额或增发地方债弥补，这称为地方财政对策。地方财政对策中交付税的增加额即前面提到的从一般会计挪用或从交付税特别会计借款。

3. 对各地方团体交付额的决定

各地方政府的普通交付税额 = 标准财政需要额 - 标准财政收入额

= 财源不足额

标准财政需要额 = 单位费用（法定）×测算单位（普查人口等 50 种）×

修正系数（寒冷修正、数值激增修正等）

标准财政收入额 = 标准财政收入预计额 × 标准税率（75%）

标准财政需要额是根据各个支出项目的标准需求计算得出的，日本中央政府通过对计入财政需要的具体项目进行必要调整来引导地方政府的财政行为。

标准财政收入分别以各地方税税基乘以统一的标准税率计算得出，但其中的 25% 作为机动财源留给地方政府，地方政府通过自身努力增加的税收越多，自有财力就越大。

以日本 A 市为例说明普通交付税分配的核算方法，如图 6 - 1 所示。

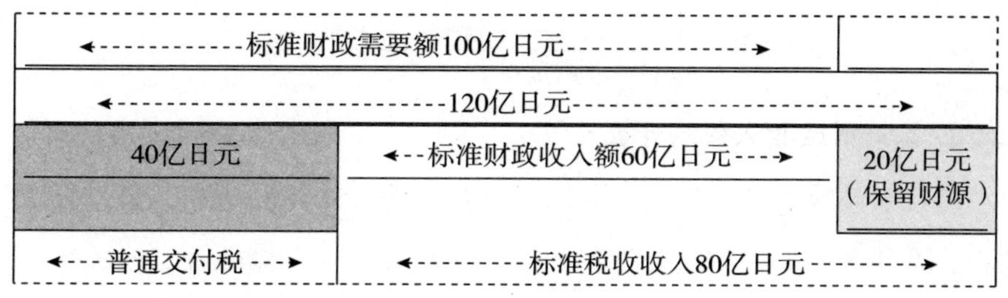

图6－1　普通交付税体系

4. 地方交付税的财源调整及财源保障

对于标准财政收入额，按照标准的税收收入的75%计算在内。标准税收收入越大，普通交付税和标准税收收入的合计额（一般财源）也越大。

5. 基准财政需求额的计算

基准财政需求额是由警察费、教育费、道路桥梁费等关于都道府县和市町村数十项费用项目的行政经费（财政需求）构成的金额。每个行政经费的基准财政需求额由以下公式计算：

基准财政需求额＝测定单位×单位费用×各团体的补正系数

测定单位是指根据不同的财政需求分别制定，警察费指的是警官人数，道路桥梁费采用的是道路面积，单位费用指的是测定单位每单位的单价，即每单位所需经费标准。补正系数指的是为了弥补由于各地方团体的自然、社会状况不同而产生的单位行政经费的差异而设定的系数，如人口规模、人口密度、城市化程度、气象条件等自然条件的差异，或根据城市法律，被赋予和其他市町村不同行政事务的城市（政令指定城市、中核市、特例市、保健所设置市等）等社会条件差异。包括寒冷补正、密度补正、阶段补正、事业费补正、财力补正等。这些补正系数更细密地发挥着调整地区间行政经费差距的作用。但同时，由于被指“被用于国家政策引导”等，作为交付税计算存在的一个问题，最近有缩小的趋势。

$$单位费用=\frac{标准团体的标准支出－期间的国库补助金等特定财源}{标准团体的测定单位的数值}$$

$$=\frac{\text{标准团体的标准性一般财源需求额}}{\text{标准团体的测定单位的数值}}$$

6. 基准财政收入额的计算

基准财政收入额是指为了合理测定各个地方团体的财力，通过合理计算在标准状态下能预见的税收收入额。基准财政收入额的计算对象是以法定普通税为主的地方税税收收入。道府县法定普通税包括：道府县民税、地方消费税、不动产购置税、烟税、高尔夫球场使用税、汽车购置税、汽油交易税、汽车税、矿区税、固定资产税。道府县地方让与税包括地方法人特别让与税、地方挥发油让与税和石油天然气让与税。

基准财政收入额的计算公式如下：

基准财政收入额 = 标准地方税税收收入预计额 ×

基准税率（75%）+地方让与税等

标准税收收入预计额是根据地方交付税法规定的方法计算出的地方税法规定的法定普通税及地方让与税等的税收预计额。基准税率是指在标准税收入中，算入地方交付税收入中的比率。即标准税收入中75%列入交付税额的计算，剩下的25%称作保留财源，保留在各个地方团体。基准税率是通过给地方留下保留财源，不损伤地方各团体的课税积极性而设置的。日本普通交付税及变化如表6－1所示。

表6－1　普通交付税的变化　单位：亿日元

	2009年（平成21年）	2010年（当初算定）（平成22年）	2011年（平成23年）	2012年（平成24年）	2013年（平成25年）
道府县	80623	84822	87255	86932	84251
较前一年增长		5.2%	2.9%	－0.4%	－3.1%
市町村	68087	73975	76938	77141	76136
较前一年增长		8.6%	4.0%	0.3%	－1.3%

续 表

	2009 年（平成 21 年）	2010 年（当初算定）（平成 22 年）	2011 年（平成 23 年）	2012 年（平成 24 年）	2013 年（平成 25 年）
合计	148710	158797	164193	164073	160387
较前一年增长		6.8%	3.4%	-0.1%	-2.2%

资料来源：根据日本总务省网站数据编制而成。www. soumu. go. jp/main_sosiki/c - zaisei/kouhu. html.

6.1.2 国库支出金的分配

国库支出金是日本有条件的中央对地方的纵向转移支付形式之一，是指定专门用途的专项补助金，目的是实现中央政府的特定目标，主要用于办理中央委办的事务，是贯彻中央政策的重要财政手段。其分配方法以有关法律为依据进行，有关分配的许多规定体现在与其支出的行政项目相关的法律法规上。比如按照《义务教育教育费国库负担法》规定，市町村办小学教师薪酬的一部分由国库负担。由于地方财政中教育支出所占比重较大，国库支出金具有调整地方财政能力差距的功能。国库支出金制度有利于中央政府按照根据事权和财政相统一的原则，对地方政府的行为进行引导，有利于促进地方基础设施和社会事业的发展。

在国库支出金的监管上，由财务省每年确定总额，由各个部门对都道府县和市町村政府直接分配。国库支出金是作为中央本级支出，是在指定用途的条件下对地方政府的资金转移，对其监督管理不仅地方负有职责，中央政府也负有重要职责。中央政府对国库支出金的监督管理类似于其他中央财政支出，主要由财务省监督、指导，由会计检查院进行审计。中央政府的监督、管理主要是三方面：一是专款专用。防止任何形式的挪用，发现挪用则收回资金或进行其他处理。二是资金使用的有效性监督。通过对申请报告内容真实性、资料真实性及支出进展、工程进度等进行调查、监督，保证国库支出金的有效使用。对于地方政府故意虚报材料，或管理不善等造成的损失进行严厉的处罚，必要时暂停对其支付国库支出金。三是采用民主化的监管模式。国库支出金的确定是由地方和中央共同协商完成，总务大臣的统筹使得地方政府受制于中央的领导，而赋予地方团体对资金的提取、使用等质疑权力，避免了中央的过度集权。对国库支出金的监督不是临时性的，而是经常性的，会计检察院长期从事财政支出的审计监督工作，监督过程和结果公开透明，重视社会舆论监督。

地方政府为了得到中央下拨的国库支出金，往往倾向于向上级申报项目。即使是中央政府认为该项支出没有必要，由于在预算编制时期地方就会有人向中央相关部委及政治家去求情。结果导致国库支出金的分配取决于中央部委及政治家自由裁量、凭感性给到地方的结果。甚至有些政治家更是公开宣称："如果能够当上在野党的议员，就给你们自治体争取到补助金。"国库支出金的分配权掌握在中央各省厅。如道路专项支出金归国土交通省管，和福利有关的专项资金归厚生劳动省管，并且这些部委都倾向于握权不放。因为这些部门想握住对地方的控制权。另外，作为管理中央财政的财务省不愿意减少中央税收。因此对税源移交持消极态度。因为如果取消了中央税，财务省的权力就会消失。

地方政府对国库支出金的批评主要在于中央政府对它的不合理的、过多的行政干预，并由此造成了效率的低下；同时还造成了地方政府"跑部向钱"，找主管省和国会议员要求补助的现象，容易造成权力寻租。尽管地方政府为了提高地方自治权和国库支出金的使用效率，对其设计是否合理可以提出意见，但地方政府并没有调整国库支出金的分配的权力。地方政府有时也不愿意为此得罪主管的官员，怕以后自己有困难时得不到补贴。因此近些年来国库支出金虽有一定的减少，但速度较慢。一旦补助过一次，就容易形成利益固化，以后很难缩减。

6.1.3 地方让与税的分配

地方让与税。地方让与税的资金来源是国税中消费税（20%）、地方道路税（100%），以及石油、燃料、汽车使用等税收的一定比例。这些税种由国家征收比较适合，但其中一部分要留给地方使用，因此，由国税局征收后返还地方一部分，属于分享税，在地方实际收入中占约2.5%。

6.1.4 转移支付资金拨付程序

日本转移支付的预算管理和核算体制也有其特色。中央政府对地方的转移支付通过两个不同的会计账户分别拨付给各地方团体。一个是一般会计账户，中央对地方的国库支出金通过一般会计账户直接拨付给各地方政府；地方交付税的交付金也要先通过一般会计账户核算，然后再转入另一个账户，另一个是交付税特别会计账户，直接拨付给各地方政府。如各种让与税，不必通过一般会计账户，而是直接纳入交付税特别会计账户，再拨付给各地方政府。这样做的好处是：可以划清中央不同性质转移支出的拨付渠道，有利于加强核算和改进预算管理。

“地方特例交付金”是为了填补自1999年实施的持久减税导致的地方税下降而采用的制度。由于地方税与国税共享征税基础，所以收入扣除使国税中的征税基础额减少的同时，也降低了地方税收。2003年，由于来自中央的国库支出金额减少，地方收入的减少也要通过地方特例交付金来填补。

政府间财政转移资金流程如图6－2所示。国库支出金是从中央的一般会计（从所管官方的预算）直接进行支付，地方交付税和地方特例交付金是先从一般会计转移到“交付税以及赠送税赔付金特别会计”（以下简称

“交付税特别会计”）中，而地方赠送税是作为目的税不经过国库，直接计入交付税特别会计。这三种转移支付都是通过交付税特别会计交付给地方。通常，地方需要的地方交付税比从国税五税中得到的地方交付税的财政资源额大，其差额通过中央提供的追加性全年支出和交付税特别会计借入的资金进行填补。

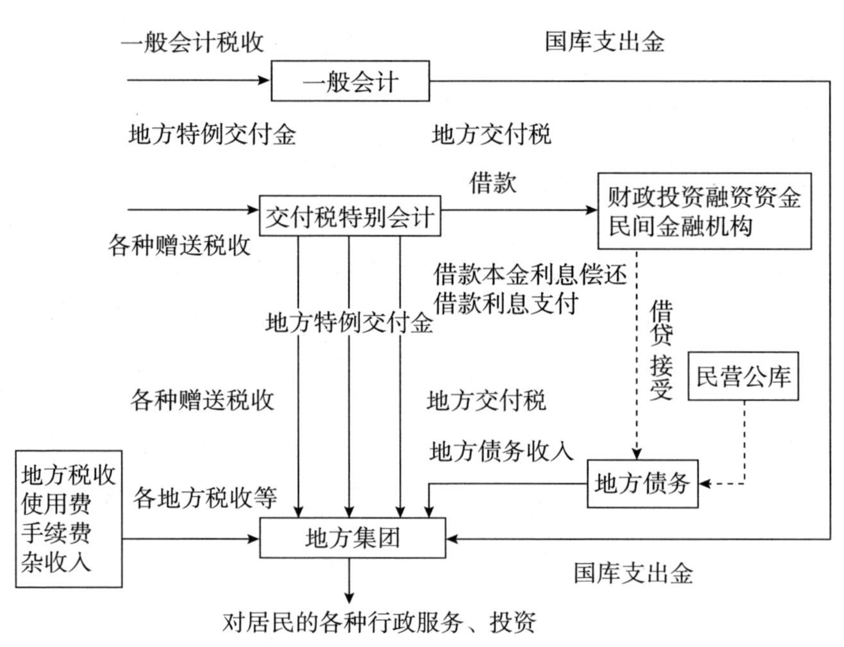

图 6－2　政府间财政转移流程

在计算地方交付税额度时，为了更加准确的反映地方团体的意见，使其过程更加透明，设立了意见提出制度（《地方交付税法》第十七条）。地方团体具有提出意见的权利，具体指的是地方团体可以对于交付税额度的计算方法向总务大臣提出意见，总务大臣收到意见后有义务诚实处理该意见，并且需将对此意见的处理结果向地方财政审议会汇报。

6.2 中国转移支付资金的分配

6.2.1 一般性转移支付的分配

一般性转移支付按照公平、公正，循序渐进和适当照顾老少边穷地区的原则，主要参照各地标准财政收入和标准财政支出的差额及可用于转移支付的资金规模等客观因素，按统一公式计算确定。其中，标准财政收入是指“各地的财政收入能力，主要按税基和税率分税种测算”；标准财政支出是指“各地达到均等化基本公共服务水平的财政支出需求，主要按地方政府规模、平均支出水平和客观因素测算”。财政越困难的地区，中央财政补助程度越高。

实施分税制财政管理体制以来，随着中央对地方一般性转移支付资金规模不断扩大，一般性转移支付资金分配办法也在不断完善。

2000 年以来，财政部分别于 2002 年、2003 年、2007 年和 2008 年四次修订一般性转移支付分配办法（如表 6 - 2 所示），其中，2008 年发布了对一般转移支付的制度性规范文件《2008 年中央对地方一般性转移支付办法》（以下简称《2008 年办法》），办法规定，对某地区的一般性转移支付应以财政支出缺口为标准，财政支出缺口的计算主要依据该地区标准财政支出超过标准财政收入间的部分。各地转移支付系数主要取决于该地区财政困难系数，地区财政困难系数主要根据标准财政收支缺口占标准财政支出比重（即财政缺口率），及各地一般预算收入占一般预算支出比重计算确定。

关于均衡性转移的分配，2011 年发布了《2011 年中央对地方均衡性转移支付办法》，如果算上一般性转移支付办法的修订，这是近十年来的第五次修订，2011 年发布的办法除了将一般性转移支付改称均衡性转移支付外，在许多方面和细节上都对原有规定进行了修改。在转移支付计算公式、财政缺口计算方法上均做出大幅调整。尤其是首次修改了转移支付的计算公式。比如关于财政困难系数的界定，除了财政缺口率外，“保工资、保运转、保民生”的支出占标准财政收入的比重也纳入考虑因素，两者权重各占 50%。激励地方在在财政缺口不变的情况下，投入更多的财政收入到民生领域。即增加的因素更加有利于鼓励地方将财力多用于民生领域。对地区一般性转移支付额度的计算公式与 2008 年办法相比也有所变化，在原来针对“填补地方财政缺口”进行的补助部分外，还新增了增幅调控机制部分和奖励资金部分；促使地方加大在这些领域的投入力度，新办法在计算地方财政支出压力时，还新增了环保、水利、社会保障等领域支出部分，并制订了相应的标准化计算方案。

《2012 年中央对地方均衡性转移支付办法》首次将各地保障性住房任务指标列为转移支付计算权重指标之一，也就意味着地方在住房保障上除了能获得中央相关专项转移支付以外，在一般性转移支付中也首次明确体现出地方住房保障支出需求。一般性转移支付中比重最大的均衡性转移支付目前采用的计算公式主要是依据《2012 年中央对地方均衡性转移支付办法》。

表 6－2　　　　中国转移支付分配方法

	分配方法
2008 年	某地区一般性转移支付额 =（该地区标准财政支出 － 该地区标准财政收入的差额）× 该地区转移支付系数
《2011 年中央对地方均衡性转移支付办法》	某地区均衡性转移支付 =（该地区标准财政支出 － 该地区标准财政收入）× 该地区转移支付系数 + 增幅控制调整 + 奖励资金
《2012 年中央对地方均衡性转移支付办法》	某地区均衡性转移支付 =（该地区标准财政支出 － 该地区标准财政收入）× 该地区转移支付系数 + 增幅控制调整 + 奖励资金

资料来源：《2008 年中央对地方一般性转移支付办法》《2011 年中央对地方均衡性转移支付办法》及《2012 年中央对地方均衡性转移支付办法》。

在公式计算上，2012 年的办法较 2011 年没有变化，但对于财政困难系数的界定更加细化，均衡性转移支付系数的确定是按照均衡性转移支付总额、各地区标准财政收支差额以及各地区财政困难程度等因素确定的。其中，困难程度系数也仍是根据地方“保工资、保运转、保民生”支出占标准财政收入比重及缺口率计算确定。明确列出了指标均值及指标标准差的计算方法，见表 6－3。

表 6－3　　指标均值及指标标准差计算方法

困难程度系数	标准化处理后（“保工资、保运转、保民生”支出 ÷ 地方标准财政收入）×50% + 标准化处理后（标准收支缺口 ÷ 标准支出）×50%
标准化处理	（某指标 － 指标均值）÷ 指标标准差
指标均值	$\bar{x}=\frac{1}{n}\sum x$
指标标准差	$\mathrm{var}(x)=\sqrt{\frac{n\sum x^2-(\sum x)^2}{n(n-1)}}$

6.2.2 专项转移支付的分配

我国现行中央对地方专项转移支付资金根据不同情况，采用规范、合理的方法进行分配，主要采用因素法、项目法、因素和项目结合法等几种形式。以往分配方法主要是以“项目法”为主，但近几年正在逐步超规范化方向发展，大部分计算也都考虑客观因素进行分配。但是，总体来说专项转移资金的取得还是以各个项目申报为主。我国专项转移支付资金体现了中央的政策导向。专项转移支付更加体现“效率”和“灵活”等特点，如国家关于贫困、边疆、少数民族地区的特殊扶贫资金，以及地震等自然灾害的专项救助资金等确有存在的必要性。

因素法：专项转移支付资金采用因素法分配的，主要根据各类专项转移支付的具体情况，客观科学、合理确定因素和权重，设计规范的资金分配计算公式。具体可分为以下几种管理模式："中央因素法、地方项目法"模式、"中央因素法、地方因素法"模式、"中央因素法、地方自主"模式。

项目法：专项转移支付资金按照项目分配的，各级政府财政部门和有关部门应当根据国民经济和社会发展规划编制项目计划，建立项目库，并实行项目滚动管理。除特殊、紧急情况外，对拟于下一年度预算中安排的专项转移支付项目，应当于当年审批完毕并纳入项目库。各级政府要建立健全财政转移支付绩效考评制度，对财政转移支付的实施效果进行考评，并将考评结果作为下一年度分配财政转移支付资金的依据。

除因素和项目法外，一些中央对地方专项转移支付还采用了因素法和项目法相结合的方式。

6.2.3 税收返还

中央对地方税收返还按照决算数计算。具体包括"两税"税收返还、所得税基数返还、原体制补助等返还类项目。

1994 年采取分税制财政体制改革后，作为地方财源的消费税的 100% 和增值税的 75% 划归中央，影响了地方政府的财力。为此，中央政府制定了税收返还政策，通过"维持存量、调整增量"，逐步达到改革目标。

按照相应规定，以 1993 年为基期，中央把地方上划的净收入额（净收入额 = 消费税 + 75% 的增值税 − 中央下划收入）作为对地方的税收返还基数全部返回给地方，并决定税收返回数额自 1994 年以后还要有一定幅度的增长。各地区税收返还增长率与当年"两税"（消费税和增值税的 75%）的增长率相关联，地方上缴的"两税"每增长 1%，中央对地方的税收返还增长 0.3%，税收返还计算公式为：

$$R = C + 75\% V - S$$

式中，R 为 1994 年税收返还基数；C 为消费税收入；V 为增值税收入；S 为 1993 年中央对地方的下划收入。

税收返还增长计算公式：

$$R_n = R_{n-1}(1 + 0.3rn)$$

式中，R_n为 1994 年以后第 n 年的税收返还；R_{n-1}为第 n 年的前一年的税收返还；rn 为第 n 年的“两税”增长率。

此外，如果 1994 年以后地方上划中央的“两税”收入未能达到 1993 年的基数，则要相应扣减税收返还的数额。由于消费税和增值税属于中央税，由国税局征收，税收返还中相应的“增长”及“扣减”的规定，把“两税”的增长与地方的所能获得的税收返还联系起来，更有利于促进各地方政府为了其自身利益而更多关注“两税”的增长。

6.3 中日转移支付资金分配比较

6.3.1 无条件转移支付资金分配比较

相比而言，日本的无条件转移支付制度，设计科学合理，透明度和公正性强，规范化程度较高。就转移支付的分配看，综合各种因素，依照“因素法”“成本效益法”等方法进行科学的定量、定性分析，并经过严格的管理和审批程序确定下来的。例如，地方交付税的总额并不取决于地方财政支出缺口，而是根据国家的税收收入的一定比例来确定，这样有利于中央政府控制转移支付的规模和方向。同时，各类转移支付的计算公式是公开的，公式设计比较科学合理，保证了实施过程中有章可循，大大减少了转移支付的盲目性、随意性，避免了中央政府与地方政府之间经常性的讨价还价，具有很高的透明度、公正性和可预见性。这种分配方式可以较大程度的避免人为因素对转移支付的干扰，规范中央和地方的财政关系。另外，日本在机构设置及资源配置方面建立起了一种有效的制衡机制。为了加强对地方交付税资金的管理，日本中央政府设置了专门的特别会计预算——“交付税特别会计预算”，专门负责地方交付税资金的管理和拨付。

1. **分配方法的比较**

日本地方交付税额度的确定建立在完整、准确的统计数据基础上，按照因素法科学合理确定，随意性较小。如在计算地方交付税额度时，日本采用成本补偿方式，在交付税总额计算上采用法定比率，遵守法定总额，同时也会灵活考虑地方财政总体的财源不足的状况。还可通过地方财政对策从特别会计借钱或发行地方债等追加财源。中日两国的转移支付虽然在对象选择、项目数量和规模结构上存在差异，但其具体实施过程都是有自己的一套规则。转移支付在实施过程中都实现了程序化，且数额的确定也实现了公式化。中国一般性转移支付资金分配和日本地方交付税的分配方法一样，都是采用以因素法为基础的公式法。分配方法两国均采用以客观因素为基础的因素法作为决定拨款数额的主要依据，拨款过程客观、公正。尽管两国在具体因素选择上有所区别（如日本衡量财政能力的指标是人均收入），但总体来说，都是选择一些能够客观反映各地财政能力和福利状况的因素作为确定拨款额的客观依据。这些客观性因素大多是地方政府难以控制的，因此更容易实现转移支付制度设计的最初目标。

2. **具体算法的比较**

日本基准财政需求额的计算方法是：

基准财政需求额 = 各项行政项目的单位费用 × 测定单位 × 补正系数的合算额

日本基准财政收入额 = 标准地方税收入 ×75% + 地方让与税

2012 年我国财政部发布的《2012 年中央对地方均衡性转移支付办法》规定的计算均衡性转移支付的公式为：

某地区均衡性转移支付 =（该地区标准财政支付 − 该地区标准财政收入）× 该地区转移支付系数 + 增幅控制调整 + 奖励资金

3. **客观要素的比较**

中日两国结合各自国情，设计出符合本国需求的一套相对科学、规范和实用的转移支付计算方法。根据国情不同，所考虑的反映各地财政地位及收支状况的客观因素（如面积、相对富裕程度、人口、成本差异等）也有区别。但公式设计的宗旨都是尽量减少补助资金分配中的随意性与盲目性，增加资金的透明度、公平性。我国和日本转移支付计算还有一个共同点是，在公式化的前提下，结构和规模并非一成不变，均是根据经济形势的变化而不断调整，及时剔除公式中不再适宜的因素，确保转移支付资金的分配更加切合实际和公平，优化支出结构。

4. **系数设计的比较**

在基本财政收入及基本财政需求，即我们所说的标准收支测算的基础上，日本在交付税计算公式中加入了针对基本财政收入进行调整的系数。也就是说，地方政府的收入与其财政努力程度直接相关，努力程度越高，自有收入就越多。日本通过调整分配依据中的某些因素来影响地方政府财政行为，从而改变下级政府的自助财政努力意愿。

6.3.2 有条件转移支付分配比较

日本有条件的转移支付制度加强了中央对地方政府的控制，有利于实现上级政府的宏观调控作用，有利于推行中央的宏观经济政策。特别是国库支出金，作为日本转移支付的其中一种形式，是有条件的专项转移支付形式，在体现中央引导意图方面发挥了一定的作用。它具体分为三种类型，包括国库负担金、国库委托金和国库补助金。

国库支出金不是无条件获得的，如果违反规定条件中央就会要求收回拨付的支出金，是中央集权的重要手段。但也可能带来一定的弊端，由于主管国库支出金的各个部委各自为政催生了浪费及低效。另外，由于国库支出金的计算标准由于都是和生活基础设施相关的项目，计算标准不是特别充分，容易给地方自治体造成过重的负担。日本的国库支出金的分配和中国的专项转移支付的分配方法都采用的项目法，都存在地方政府向中央掌管各个预算的部门去“跑部向钱”的问题。中国存在领导批示，日本也有专项，也是写报告申请，和中国有相似之处，但所不同的是，日本的国库支出金和中国的专项转移支付的资金使用方向有所不同。

6.3.3 地方让与税和税收返还的比较

日本的地方让与税和中国的税收返还相似的地方是在转移支付中占比都不是特别大，日本地方让与税占日本转移支付比重约为6%，中国税收返还占中国转移支付的比重约为4%，但不同的是日本的地方让与税的性质是中央代地方征的税，即本来就应该是地方的税源，只不过为了征税方便由中央代为征收，征收后全部再返还地方，其用途也是固定的。如汽车重量税、汽油天然气税只能用于公路建设和维护等，属于目的税的一种。而中国的税收返还是1994年分税制财政体制改革时中央和地方博弈妥协的产物。

6.4 小结

（1）日本的无条件转移支付和中国的一般性转移支付都采取量化方式，资金分配采用公式法，保障了公平性、公正性。但比较而言，日本的方法更为细致，特别是在公式中加入了调整机制，即下级政府保有机动财力系数，把地方财政收入与其财政努力直接挂钩，改变下级政府财政努力意愿与方向。中国的公式法中虽然也加入了奖励资金，但不如日本的办法更有效。

（2）专项转移支付方面，中日都实行“项目法”，均产生寻租现象，这是中日都存在的制度弊端，都需要进一步改革。不过，专项转移支付除了使用“项目法”以外，还与“公式法”相结合，这也是日本专项转移支付资金分配方法的改革取向。我国专项转移支付的改革也要把资金分配作为一项主要内容，逐渐向“因素法”过渡，最终实现“公式法”。

（3）日本的地方让与税虽然与中国的税收返还比较相似，但在性质上不同，日本地方让与税是中央代地方征的税，全部返还地方是合理的。中国的税收返还是对地方既得利益的保护，存在不合理因素，应该取消，至于资金分配方法就无关紧要了。

7 中日转移支付功效比较

功效作用是评价转移支付的最终指标。日本转移支付制度在提供公共产品和服务、实现中央意图、调整政府间分配关系、促进区域经济协调发展等方面发挥了重要作用。我国的转移支付制度自建立以来对补充地方财力、缩小区域经济发展差距、推进公共服务均等化等方面发挥的作用也是比较明显的，但与日本各方面达到的成效相比，我国转移支付还也存在功能定位不准、效果不太明显等一些问题。本章通过对中日转移支付功能作用比较，分析两国转移支付的功能定位及实施效果。

7.1 日本转移支付功效分析

7.1.1 解决财政纵向不均衡

日本的财政调整制度对于纠正地区间财政自主性差异、均衡各地方政府的财政能力方面发挥了重要作用。日本是集权—融合型国家的代表，中央财政在全国财政收入中的比重占据主要地位，而提供基本公共服务和产品的事权大部分在地方公共团体，财政调整制度有效弥补了中央与地方之间的财政纵向平衡。从历年中央与地方的税收收入分配比例看，日本税收总收入中国税占62%，地方税仅占38%，两者比例大约为6：4。而当中央向地方补助地方交付税和地方让与税之后，中央与地方的分配比例大约变为4∶6。当中央再向地方支付国库支出金后，中央与地方的分配比例就变成3∶7。这一分配结构就大致同中央和地方的事权结构相适应，解决了财政纵向不均衡问题。中央对地方支出（包括地方交付税、国库支出金、地方让与税、地方特例交付金）占中央支出比重从2007年起至2011年是逐年上升的，分别为30.2%、31.4%、32.6%、33.9%、35.3%。另外，近些年日本中央对地方支出占地方财政支出的比重2007年（平成19年）以前约为35%左右，2007年降至29.8%，之后到2010年为止保持逐年上升态势，2011年该比重略有下降至38.5%。可以看出，为了保障地方财源，保证地方公共团体维持国家要求的行政能力，日本转移支付发挥了重要作用。具体见表7－1。

表7－1　中央和地方财政历年比较　单位：亿元

年　份	支出总额		中央对地方支出	中央对地方支出占地方支出比重	中央对地方支出占中央支出比重
	中央	地方			
1935	22	21	3	14.3%	13.6%
1941	81	31	11	35.5%	13.6%
1961	21645	23911	10279	43.0%	47.5%
2002	924941	948394	350045	36.9%	37.8%
2003	887920	925818	329382	35.6%	37.1%
2004	916446	912479	317488	34.8%	34.6%
2005	934347	906973	322145	35.5%	34.5%
2006	909468	892106	310705	34.8%	34.2%
2007	879327	891476	265771	29.8%	30.2%
2008	902859	896915	283130	31.6%	31.4%
2009	1056981	961064	344179	35.8%	32.6%

续 表

年 份	支出总额		中央对地方支出	中央对地方支出占地方支出比重	中央对地方支出占中央支出比重
	中央	地方			
2010	1001107	947750	339511	35.8%	33.9%
2011	1058330	970026	373166	38.5%	35.3%

资料来源：日本总务省。

http：//www.soumu.go.jp/menu_seisaku/hakusyo/chihou/25data/2013data/25czs01－03.html.

7.1.2 解决财政横向不均衡

日本转移支付制度是调剂地区收入差异、协调地区政策的重要形式，其目的主要在于帮助收入水平相对较低的地方通过修建基础设施、增加教育投入，从而使各地居民享用同样或相近水平的公共产品和服务。日本的转移支付支出主要用于公共基础设施和义务，而不是用于生产经营领域，具有明显的非生产性特征。其地方自治体之间财力分布不均衡，经过数次税制改革，地区间财力差异逐渐缩小。衡量自治体间财力差异的指标为都道府县人均税收收入。由于自治体的最终财力由一般财源决定，一般财源由税收加地方交付税构成。引发自治体间财力差异的主要原因是地方法人两税（法人事业税和法人住民税）的税收差距。日本的地方交付税制度设计之初就具备两个功能：一是解决中央和地方间纵向不均衡，二是解决地区间横向不均衡。从都道府县税收上来讲，东京都人均税收收入稳居榜首，且远远超过其他道府县。如2006年东京都人均税收收入为21.2万日元，所有都道府县人均税收中间值为10.6万日元，东京都的人均税收是中间值的两倍，也就是说单看东京都人均税收金额是标准自治体人均税收的两倍。主要原因也是由于东京都的法人事业税和法人住民税远高于道府县。另外其个人住民税比例也较高。为了解决各自治体间人均税收差异，地方交付税发挥了其作用。通过地方交付税制度的实施，自治体间人均收入实现基本均等化。

由图 7－1 可知，从左侧起将都道府县按照人均地方税收从多到少的顺序依次排列，同时也标出每个地区的人均一般财源（地方税 + 地方交付税），可以看出人均税收的不均衡完全通过地方交付税弥补了。甚至位于坐标轴右侧的人均税收较少的县在得到地方交付税补助后形成的一般财源比靠近坐标轴左侧的县还多。在部分地方自治体中，地方交付税占据了该地方一般财源的较大比重，说明地方交付税的财政调整职能发挥了巨大作用。

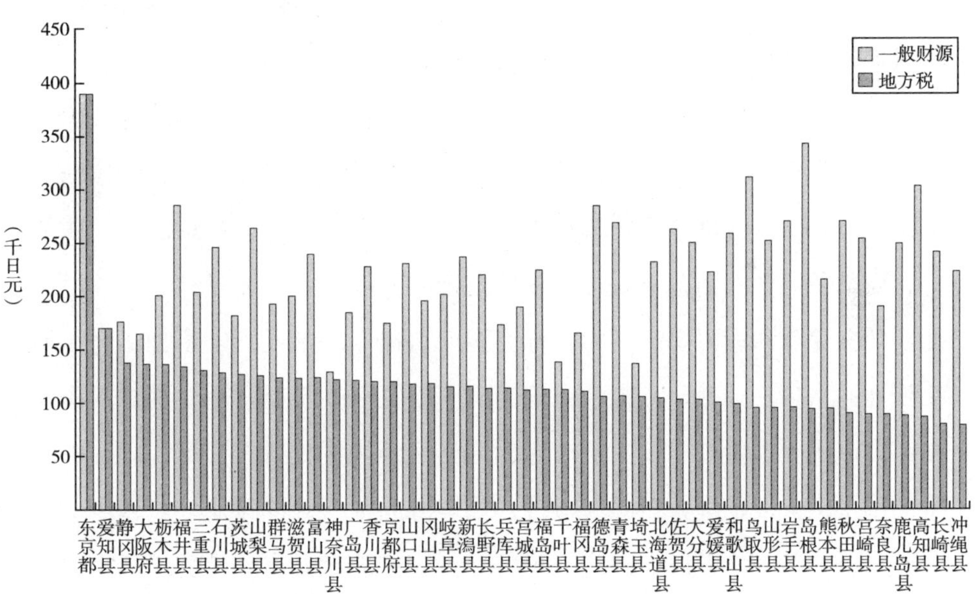

图 7－1　地方交付税的横向财政调整效果

资料来源：地方财务协会《地方财政统计年报》。

注：人均一般财源 = 人均地方税收 + 人均地方交付税。

7.1.3 实现中央特定政策目标

日本发挥实现中央特定政策目标的转移支付形式是国库支出金。因为国库支出金的性质决定了其作用。它只能用于特定事业项目，也叫特定补助金。和地方交付税相对应，地方交付税也可叫一般补助金。国库支出金占地方财政收入的10%以上。国库支出金分定率补助金和定额补助金两种，定率补助金补助特定公共服务项目所需支出的一定比例，定额补助金不论特定项目的支出额，只是补助某一固定的金额。国库支出金是中央政府为实施特定的经济社会政策，对地方政府的特定项目进行的专项补助，只能用于公共投资、教育、福祉等中央政策规定的项目。不能挪用在其他项目，如用在义务教育上的国库负担金不能用在公路建设或灾后重建上。一旦挪用，挪用部分资金必须返还给中央。

设置国库支出金的目的在于下列几个方面：一是下达给地方建设全国受益的大规模投资项目，并使地方的较大工程项目投资能够符合国家统一政策；二是实现各地区的财政收入横向平衡，特别是当某些地区发生灾祸时，要给予必要的财政支援。国库支出金的补贴对象主要是地方的公共事业、社会保障和教育等。其中，称为国库负担金的是由国家承担的全国统一标准的事项，如教员工资等；称为国库委托金的是指发生在地方的国家事务，由中央支付开支，这两项拨款严格按照规定执行。而称为国库补助金的则是国家鼓励地方自办的事务，如地方的某项基础设施建设，中央认为有利于整体经济发展，因此给予补贴。这种补助具有较大的灵活性，由自治省代表地方政府提出他们的意见。如表7－2所示，2011年国库支出金总额中，补助给都道府县的国库支出金主要用于义务教育（19.7%）、普通建设事业费（14%）、社会资本整备（10%）等领域。补助给市町村的国库支出金主要用于生活保护费（31.4%）、育儿补贴（21.7%）、残疾人自立支援（8.7%）等领域。国库支出金促进了都道府县地方基础设施

表 7-2　国库支出金状况　单位：百万日元,%

项　目	2011 年（平成 23 年）						2010 年（平成 22 年）		比较		
	都道府县		市町村		合计		合计		增减额	增减率	比前年增减率
义务教育负担金	1539820	19.7	—	—	1539820	9.6	1560864	10.9	-21044	-1.3	-2.0
生活保护费负担金	149001	1.9	2571444	31.4	2720445	17.0	2451512	17.1	268933	11.0	7.4
儿童保护费负担金	149673	1.9	462916	5.6	612588	3.8	598199	4.2	14389	2.4	13.0
残疾人自立支援给付费负担金	71514	0.9	713799	8.7	785313	4.9	708521	5.0	76792	10.8	12.8
私立高中经费补助金	113493	1.4	—	—	113493	0.7	103772	0.7	9721	9.4	1.0
育儿补贴负担金	0	0	1774738	21.7	1774739	11.1	1621612	11.3	153127	9.4	310.8
公立高中免学费负担金	221906	2.8	14063	0.2	235969	1.5	239777	1.7	-3808	-1.6	…
高中入学支援金	155203	2.0	—	—	155203	1.0	138818	1.0	16385	11.8	…
普通建设事业费支出金	1095862	14.0	553642	6.8	1649504	10.3	2499894	17.5	-850390	-34.0	-35.8
灾害恢复事业费支出金	241190	3.1	130669	1.6	371859	2.3	82288	0.6	289571	351.9	19.5

续 表

项 目	2011 年（平成 23 年）						2010 年（平成 22 年）合计		比较		
	都道府县		市町村		合计				增减额	增减率	比前年增减率
应对失业事业费支出金	—	—	157	0	157	0	1120	0	-963	-86.0	-2.4
委托金	95351	1.2	95415	1.2	190765	1.2	306058	2.1	-115293	-37.7	13.8
普通建设事业	16953	0.2	3258	0	20210	0.1	22219	0.2	-2009	-9.0	69.6
灾害恢复事业	28	0	454	0	482	0	26	0	456	1753.8	-25.7
其他	78370	1.0	91703	1.2	170073	1.1	283813	1.9	-113740	-40.1	10.9
财政补助金	217	0	5514	0.1	5731	0	9517	0.1	-3786	-39.8	-15.0
国有提供设施等所在市町村补助交付金	29	0	33511	0.4	33540	0.2	33540	0.2	—	—	3.1
交通安全对策特别交付金	40093	0.5	28800	0.4	68893	0.4	70633	0.5	-1740	-2.5	-4.3
电源立地地区对策交付金	83339	1.1	35833	0.4	119172	0.7	122321	0.9	-3149	-2.6	0.8

续　表

项　目	2011 年（平成 23 年）						2010 年（平成 22 年）合计		比较		
	都道府县		市町村		合计				增减额	增减率	比前年增减率
特定防卫设施周边整备调整交付金	—	—	20415	0.2	20415	0.1	13479	0.1	6936	51.5	2.5
石油储藏设施立地对策等交付金	5510	0.1	—	—	5510	0	5369	0	141	2.6	-4.1
社会资本整备综合交付金	785207	10.0	586531	7.2	1371739	8.6	1121129	7.8	250610	22.4	65.3
地区自主战略交付金	270087	3.4	—	—	270087	1.7	…	…	…	…	…
东日本大地震复兴交付金	58423	0.7	191836	2.3	250259	1.6	…	…	…	…	…
其他	2759846	35.3	975348	11.8	3735195	23.3	2616768	18.3	1118427	42.7	-57.4
合计	7835764	100.0	8194631	100.0	16030396	100.0	14305191	100.0	1725205	12.1	-15.0

资料来源：日本总务省《地方财政白皮书平成 25 年度》。

注：由于 2011 年财政状况调查中收入调查的项目区分有变化，因此表中 2010 年地区自主战略交付金及东日本大地震大复兴交付金的金额为空缺。也就是说，2010 年不存在这两个项目。

和社会事业的发展。不少基础设施如关西国际机场的建设、国际文化公园城等跨世纪工程在内的“大阪综合计划”等的实施都离不开国库支出金的功劳。国库支出金同时对市町村的社会保障事业做出了不小贡献。

另外，地方让与税是为特定目的而在中央与地方间进行的财政调整形式。日本的转移支付制度的设计，不仅维护了地方政府的独立性和自主性，同时也有效保证了中央对地方政府行为的调节和引导，保证了国家整体利益及全国统一的政策目标的实现。

7.2 中国转移支付功效分析

7.2.1 区域间经济发展差距逐渐缩小

中央财政收入占全国财政收入比重的提高以及宏观调控能力的增强，主要源于财政收入划分调整及增量财力集中，通过分税制中央从地方集中财力由1994年的200亿元增加到2012年的56175.23亿元，但中央财政支出占全国财政支出的比重却有所下降。因此，转移支付成为我国均衡政府间财力的主要手段，2009—2013年中央对地方转移支付规模不断攀升。2009—2013年，五年间合计中央对地方转移支付及税收返还规模达195066.1亿元。其中，2009年中央对地方转移支付及税收返还规模为28563.79亿元，2010年为32341.09亿元，2011年为39921.21亿元，2012年为45383.47亿元，2013年为48857亿元，年均增长14.36%。

近年中央转移支付的规模占中央公共财政总支出比重逐渐提高。2011年中央公共财政支出54360亿元，其余37310亿元均用于向地方转移支付，转移支付占中央总支出的69%。2012年中央公共财政支出64126.31亿元，其中45361.68亿元用于对地方转移支付及税收返还，占中央公共财政总支出的70.7%。如果按分税制改革前口径推算，分税制改革以来，地方财政支出占地方财政总收入的比例2012年与1993年均在98%左右，说明中央从地方集中的财力通过转移支付又回归到地方政府，并没有变为中央本级的财政支出。集中的财力以均衡地方政府财力为原则，根据各地财力缺口和各种因素，通过转移支付的形式进行再分配，转移到地方政府。

为了实现区域经济协调发展，我国政府充分发挥了专项转移支付的功能作用，以项目为途径不断加大对地方专项转移支付的规模。先后提出西部大开发、中部崛起、振兴东北老工业基地战略规划，有力地促进了区域经济的协调发展。从中央财政对地方转移支付的规模和比重看，呈现规模不断加大、比例逐步提高的趋势。转移支付对地区间财力调整力度较大，中西部地区财政支出均大于地方财政总收入，为中央净补助地区。补助超过地方财政总收入较多的有西藏、青海、宁夏；吉林、贵州、甘肃、新疆等地区。1994—2013年，中央对地方转移支付（不含税收返还）占地方财政支出总额的比重从12.7%提高到35.9%。分地区看，中央对中、西部地区补助比例上升幅度较大，东部地区略有下降。中央转移支付规模的不断加大，在一定程度上促进了地区的协调发展。中西部地区经济发展的速度与东部地区的差距逐渐缩小。

另外，转移支付对中、西部地区的基础设施建设、生态环境保护和社会事业发展具有重要作用，这些方面的进一步改善，改进了中、西部地区的软硬投资环境的优化，必然会给中、西部地区经济发展提供更好的平台和机遇，对调动地方民间资本投入经济发展及引导和支持产业有序转移有积极作用。

7.2.2 均衡地区间财力效果逐渐加大

在我国，东部地区财力一直是充裕的，财政自给率较高，表7-3给出了我国2009年东、中、西部人均财力状况。从表中我们可以看到东部财政自给率达到76.7%，其次是中部，为42.9%；西部最低，仅为26.9%。

中西部地区财政支出基本均大于地方财政总收入，为中央净补助地区。补助超过地方财政总收入较多的有西藏、青海、宁夏；吉林、贵州、甘肃、新疆等地区。由于西部财政自给率低，中央通过转移支付来均衡地区间财力差异，补助给西部的转移支付总额高于中部地区。西部得到的转移支付金额是中部得到转移支付金额的约 1.93 倍。若再考虑增值税及企业所得税等共享税收入，现行纵向财力分配对西部地区倾斜最多，其人均转移支付及税收共享收入占人均财政支出比重的 83.7%。比起西部地区，中部地区只能更多地依靠自身地方税体系的建设。另外，西部民生方面的人均支出也最低，为了推进基本公共服务均等化，中央对西部地区进行了大量的以民生为主的转移支付，是中部获得的民生方面转移支付资金量的一半左右。这样一来，基本实现西部地区和东部、中部地区政府能够提供大体相当的公共服务水平。

表 7－3　　2009 年东、中、西部人均财力情况　　单位：元

地区	人均财政收入	人均财政支出	人均民生支出	人均转移支付	人均转移支付＋税收共享
东部	5582. 062	7277. 254	2341. 12	1695. 193	3724. 53
中部	1794. 769	4182. 526	1590. 19	2387. 757	2857. 26
西部	1698. 065	6316. 34	2136. 98	4618. 275	5285. 57

资料来源：2010 年《中国统计年鉴》。

注：人均民生支出指各地区的人均社会保障支出、教育和医疗卫生支出之和。

7.2.3　城乡统筹发展持续推进

党的十五大提出“促进地区经济合理布局和协调发展”是未来国家发展的重要基点，其标志着中国地区经济发展一体化进程加快。党的十六届三中全会《中共中央关于完善社会主义市场经济体制若干问题的决定》又着重指出“统筹区域发展”，树立全面、协调、可持续发展观。2000 年以

来连续实施支农的“1 号文件”体现了国家实施城乡一体化战略的决心，事实上也有力地促进了城乡一体化进程。分税制前，中央对民族自治地区补助水平较低且常年没有增长，民族自治地区财政自给率处于偏低水平，大约只有 40%。从 1995 年开始，中央财政先后从富裕地区集中增量收入并拿出其中的 20 亿元、34 亿元、50 亿元作为转移支付资金补助到中西部和民族自治地区的农村和牧区。虽然仅靠转移支付不是搞好城乡统筹的万能良药，但中央对民族地区的转移支付一定程度上弥补了民族地区的财政资金缺口，提高了人均财力，促进了民族地区经济发展和社会稳定，缩小了民族地区和其他地区的差距，有利于促进了城乡一体化的进展和公共服务均等化的提供。我国城乡一体化虽然取得了较大进展，但总体看还任重道远。

7.3 中日转移支付功效比较

从中日两国转移支付的功能效果来看，转移支付具有多重目标价值：一是协调政府间财政分配关系；二是实施贯彻中央政府意图，包括稳定宏观经济发展，实现国家宏观经济发展战略目标、国家产业结构转型等；三是促进区域经济协调发展；四是提供具有外部性的公共产品。两国的转移支付功能虽然大致相同，但在目标定位的侧重点上各不相同，至于实施的效果在程度上也存在差异。

7.3.1 无条件转移支付（一般性转移支付）的功效比较

无条件转移支付在日本主要是地方交付税，在中国是一般性转移支付。它们的主要功能是调节政府间的财政分配关系，简单而言就是弥补地方政府的财力不足。因为中日两国分税制有一个共同的特点，即中央在税收划分上集中的财力较大，日本集中度达到 60%。而中国集中度：1994 年中央财政收入占全国财政总收入达到55.7%，地方财政收入占全国财政总收入是44.3%，之后占财政收入的占比一路上升，至2008年达到77.7%，而地方财政收入占比一路下降，至2008年下降为22.3%。虽然到目前有所改变，中央财政收入占比在51%左右，地方财政收入占比在49%左右，但仍然能够说明中国财政收入的集中度高与日本是一致的，这是两国都必须通过一般性转移支付弥补地方政府财力不足的原因，也就是说在这样的财政分配体制下，中日两国都必须设置无条件的转移支付调节政府间的财政分配关系。

但在调节政府间财力分配关系上，两国的侧重点是有区别的，总体来说，中国的一般性转移支付更强调对地方政府进行财政补贴，而日本则把侧重点放在地方自治团体的独立性培养方面。具体来看，首先，日本的地方交付税完全是用于增加地方政府财力的，均由地方政府自由支配，因此能够充分起到均衡政府间财力的功能和效果。而我国的一般性转移支付包括内容十分宽泛，内容包括22多项，其中，只有均衡性转移支付是用来调节政府间财力的，而其他如体制补助、民族地区转移支付、阳光工资转移支付、出口退税专项上解支出等都是一般性性转移支付中带有专项性质的转移支付，都要求专款专用。因此，我国的一般性转移支付在发挥调节政府间财政的作用与日本相比显得十分有限。其次，日本的地方交付税在调节政府间财力方面，目的是壮大地方财力，使其能够与承担的事权相匹配，独立实现本级政府的职能。而我国一般性转移支付中有一些属于财政补助性质的，如结算补助、化解债务补助、资源枯竭城市转移支付补助、企事业单位划转补助、成品油价格和税费改革等转移支付补助等。这种补助也违背了一般性转移支付的本意，削弱了一般性转移支付的功效，反而养成了地方政府对中央政府的依赖性。

7.3.2 有条件转移支付（专项转移支付）的功效比较

属于有条件的转移支付，日本主要是指国库支出金，中国主要是预算内专项转移支付和国债、基金安排的专项转移支付。专项转移支付的功能主要是体现中央政府的意图，其中以协调区域经济发展、实现基本公共服务均等化为主。在实现中央政府意图上两国的目标基本上是相同的，但由于在支持路径和方法上的不同，达到的效果也不一致。首先，日本的国库支出金在用途上比较单一、集中，取得的效果也集中明显。我国的专项转移支付项目过于宽泛，立项繁杂。预算内安排的事项有二十多项，至于国债和基金安排项目则更多，每年大致有上千项，致使资金严重分化，影响了补助实施的效果。其次，在专项转移支付资金分配上，中日两国虽然都使用“项目法”，但日本在项目的审核、论证上比规范，项目透明度高，而且除使用“项目法”以外，还运用“公式法”，即“项目法”与“公式法”相结合，减少了地方“跑部钱进”的弊端，保持了国库支出金的使用效果。我国的专项转移支付完全使用“项目法”，加上项目不公开，缺乏充分论证，不仅助长了“跑部钱进”的歪风，而且影响了实施效果，导致盲目投资和重复建设。最后，日本的国库支出金在地方配套上比较灵活，有些项目可以不用地方政府配套，减轻了地方政府的压力，真正做到专款专用。我国的专项转移支付完全要求地方政府按比例配套，影响了专项转移支付的效果。如中、西部地区由于财力弱配套有困难，争取到的项目少，东部沿海地区因财力强有能力配套，争取到的项目反而多，这无疑是扩大了区域发展的差距，也影响了区域公共服务均等化。

7.3.3 税收返还效能的比较

中日两国转移支付中都有税收返还，日本是地方让与税，中国的税收返还内容较多，有“两税”返还、所得税返还等。中日的税收返还在形式上看并没有什么区别，似乎是相同的，作用效果也应该是一样的，但实际二者大相径庭。首先，日本的税收返还是真正地把应该属于地方的税收还给地方。因为日本的地方让与税是中央代地方征收的地方税。而中国的税收返还还是对地方利益的妥协，起着保护地方利益的作用。其次，日本的地方让与税是属于地方的一种税，各地数额时按照原则税率计算出来的，是科学的。我国的税收返还是当年各地与中央讨价还价的结果，由于有些地方故意抬高了税基，各地返还的数额有失公平，因而加大了区域之间财力的差距和社会经济发展的差距。最后，日本的地方让与税是专项税，要求专款专用。如日本车辆购置税（日本称自动车取得税）的全部都属于地方让与税，要求专门用于地方道路建设和养护。而中国的税收返还尚没有一定的规定，成为地方政府自由支配的资金，使用的目标不同，其效果也难以进行比较。

7.4 小结

（1）在一般性转移支付方面，日本的地方交付税完全用于增加地方财力，重点培养地方政府在财力上的独立性，减少地方政府对中央政府的依赖性，真正发挥了一般性转移支付的功能作用。我国一般性转移支付侧重于财政补助，增加了地方政府的依赖性。因此，取得的成效也不同，日本地方政府财力有一定的保障，具有一定的独立性，能够充分实现地方政府的职能。中国地方政府财力严重不足，对中央政府存在的依赖性越来越明显，难以很好地实现政府职能。

（2）在专项转移支付方面，日本由于在资金分配上采取“项目法”与“公式法”相结合，取得了明显效果。中国完全适用“项目法”产生的负面作用太大，应改进专项转移支付资金的分配方法，以便取得较好的功效。

（3）日本的地方让与税与我国税收返还有本质不同，效果也大相径庭，日本的地方让与税壮大了地方政府的财力，中国的税收返还保护了地方既得利益，加大了地方财力的差距。我国应尽早取消税收返还，使转移支付取得公平、公正的效果。

8　完善我国转移支付制度的意见建议

前述内容是对中日两国转移支付制度进行的比较，比较只是研究的一种手段而不是目的，目的是通过比较借鉴日本转移支付制度及其实施的经验，发现我国转移支付制度存在的缺陷和问题，提出完善与改革的对策性建议。虽然两国制度背景不尽相同，但作为转移支付有其共性，通过对比做到知己知彼，最终达到完善我国转移支付制度的目的。

8.1　我国转移支付制度存在的问题

通过比较，中日转移支付制度各有长短，从吸取经验、弥补不足出发，我们应当把重点放在取长补短上。在比较中可以发现我国转移支付制度有不少缺陷。

8.1.1　转移支付制度立法滞后

日本的转移支付制度法制化程度高。转移支付制度本身以法律形式加以确定，日本转移支付的三类形式，无论是地方交付税，还是国库支出金和地方让与税等，都有相应的立法。地方交付税以《地方交付税法》为依据筹集和分配资金，交付税总额的决定是根据所得税、法人税、酒税、盐税和消费税的固定比例进行分配的；交付税在地方政府之间的分配数额是根据一定的标准、公式和程序计算得出的。有条件的转移支付国库支出金相关法律依据有《义务教育法》《土地改良法》《农业基本建设法》等。政府间事权划分有明确的法律界定，在计算均衡性转移支付时，地方政府的“标准支出”容易把握。比如《地方财政法》中对转移支付的目的、范围都做了明确规定；对转移支付公式中相关系数的确定需要由相关部门提交税制调查会讨论通过确定；计算均等化拨款的税收能力以及其他一些相关技术参数也通过法律形式加以明确，从而使转移支付更加规范、透明，以减少人为因素的干扰。而我国转移支付制度依据的主要是政府规章，无专门法律，也有观点认为《预算法》和《所得税收入分享改革方案》是我国转移支付制度的法律基础，但究其根本，它们并非是针对转移支付的专门立法，只不过内容中可能粗略涉及了转移支付的相关内容。实际工作中作为转移支付依据的主要是行政部门规章，如财政部的《2011 年均衡性转移支付办法》《2012 年均衡性转移支付办法》等。法律的不健全致使转移支付缺乏统一性和规范性，影响了转移支付制度的权威性、一贯性和可操作性。

8.1.2 转移支付结构欠优化

日本转移支付结构主要分三类：即地方交付税、国库支付金和地方让与税。其中地方交付税占比较大，其次是国库支出金，占比最小的是地方让与税。根据转移支付的主体功能来看比较合理。相比之下，我国转移支付结构有三方面的不足。

（1）一般性转移支付比重主体地位欠缺。转移支付是分税制财政体制的重要组成部分，也是重要的补充部分，其主要功能是调节政府间财政分配关系，是转移支付的主体。但我国现行转移支付中，直接增加地方可用财力的一般性转移支付比重仍然较低。而且除一般性转移支付、民族地区转移支付和年终结算财力补助等（约占财力性转移支付总额的40%）地方可自由支配外，调整工资转移支付、农村税费改革转移支付等项目虽具有均等化功能，但大多服务于特定政策目标，具有专门用途，不能增加地方财政的可支配财力，不利于缓解地方财政困难。

（2）专项转移支付规模较大，比重偏高。通过专项转移支付实现中央政府意图，稳定宏观经济发展，促进产业优化是完全必要的、正确的，但规模过大会影响转移支付调节政府间财力的主体作用，在结构上是不合理的。我国专项转移支付规模虽然近些年有所下降，但从历年看是居高不下的。

（3）税收返还及补助的数额偏大。日本转移支付中的地方让与税不仅在性质上是正确的，而且在结构上也是合理的，所占比重很少。而我国的税收返还不仅不合理，而且在转移支付构成中数额偏大。税收返还基数确定、增量获得都有利于发达地区而不利于落后地区，结果是保护了地方既得利益，拉大了地区差距，与公共服务均等化的目标相偏离。所以，我国转移支付还保留税收返还是不科学的，影响了转移支付结构的优化。

8.1.3 转移支付制度设计不完善

这一方面存在的问题主要表现在以下几个方面：

（1）在制度框架上只有纵向转移支付，没有横向转移支付，虽然日本转移支付设计也存在这样的问题，但作为转移支付制度体系来说，也是不完善的，纵然纵向转移支付也能缩小地区间的差距，但其效果是证明没有横向转移支付的效果好。我国由于疆域辽阔，人口众多，各地区经济、资源等方面存在很大差距，这些都不同于日本，因而更需要建立横向转移支付制度。

（2）种类过于繁多庞杂。为了应对各方利益，致使转移支付种类越来越多，形式繁多，种类多样，在这一方面，不仅仅反映在一般性转移支付中，目前有22项补助对象涉及各行各业。在专项转移支付中这种问题更加突出，近年来，我国专项转移支付的种类日益增加，比如教育专项转移支付，专项共有五大类，分别是：农村义务教育经费保障机制（两免一补）、农村义务教育学生营养改善计划、中西部农村初中校舍改造工程、全国中小学校舍安全工程、职业教育实训基地建设。2012 年我国中央教育专项转移支付总额为 1086.84 亿元，占到了中央教育转移支付总额的 40.55%。总额与 2009 年相比翻了一番。由于专项种类过多，有些学校的实际资金用途与项目不符，且项目与项目之间存在着交叉重复，资金分配较分散。

（3）专项转移支付配套问题。我国专项转移支付在制度设计中要求全部落实配套资金，但专款配套政策又缺乏规范的设计程序与统一政策，导致一些部门自行出台不科学、不规范的配套要求，在一定程度上加重了地方财政负担，而且因此产生许多问题。一方面，地方财政自我发展、自求平衡的能力仍然很弱，对上级转移支付依存度过高，上级转移支付资金已成为地方财政支出的主要来源。财政的正常运转主要依靠上级转移支付资金的支持和帮助。另一方面，上级专项转移支付需要地方按比例配套，给地方财政增加了较大的压力，实际上剥夺了地方财政资金使用的自主权。各部门在设立专项转移支付项目时仅根据本部门和项目的特点确定配套资金比例，缺乏对配套资金总量的统筹安排。为了发展地方经济，争取的项目越多，配套的资金也越多，由于对支出政策和支出额度的无法预计，致使地方预算平衡难度加大。有的地方政府为了争取较多的项目，在配套资金有限的情况下，不惜大量举债，又造成地方政府债务风险。

因此，日本转移支付在制度设计上种类较少，特别是专项转移支付与中国的相比更加适度，专项转移支付不要求全部配套等优点是我国应该学习的。

8.1.4 转移支付资金分配需进一步改进

中日两国中均衡性转移支付都实行“因素法”和“公式法”，是二者共同之处。但通过比较可以看出，我国的分配方法还存在欠缺。在我国现行的转移支付制度中，基数法色彩浓厚。只有均衡性转移支付在全国范围内实现统一的公式化分配，但均衡性转移支付计算公式中，相关影响因素设定仍然比较粗，需要分档的因素档次设定少，价格等变动频繁的指标更新慢；加上多元回归模型的固有局限性，历史数据中往往包含了诸多不合理因素，由于这些不合理因素缺乏客观依据，因而不能完全保证回归结果的准确性。其他形式的转移支付的规范性都比较差。如在各项专项转移支付方式中，资金分配的非科学性较为突出，大多数专款还不是通过公式进行分配的，主观因素在其中起了很大的作用。专款资金分配缺乏事权依据，费用分摊及地区分配标准和额度的确定无准确的基础数据支持，加上专款立项审批不规范，项目确定和范围选择不合理，存在大量“讨价还价”和“人情款”问题，随意性大、客观性差。同时专项转移支付项目繁杂，涉及基建、农业、教科文卫、生活保障、抚恤救济、公检法司等。诸多方面，导致资金分散化，效果反而不理想。最后一种不算严格意义上的转移支付形式——税收返还，由于是建立在“基数法”基础上，在很大程度上延续了分税制改革前的地方既得利益格局。

8.1.5 转移支付目标定位需要调整

日本自1954年建立起地方交付税制度起就将实现基本公共服务均等化本身作为政府追求的一种价值，至今已经坚持达半个多世纪之久。日本政府实施地方交付税的目的充分体现了公民间的横向公平原则，这符合《联合国人权宣言》第二十五条主张的价值。事实上，很多国家都将保障公民享受平等的公共服务水平作为条款写入宪法，从而成为政府施政必须遵循的价值准则。而我国很多地区由于对转移支付制度的理解存在着各种偏差，大都认为转移支付制度是加大地方投资的重要渠道，违背了转移支付制度的最终目标——向全社会提供均等化的公共产品和服务。在今后转移支付改革和完善中应充分认识到其基本的目标应是推进基本公共服务均等化，使之成为各级政府普遍认同的理念和价值观，并按照此目标实施政策。

我国东部沿海地区和中西部内陆地区经济发展速度不均衡，沿海地区财政收入高，而内陆地区财政收入低，常常需要大量转移支付为维持公共服务的提供。但由于我国转移支付目标定位的偏差，导致基本公共服务均等化目标的实现不到位。如专项转移支付配套压力大、层层截留等，地方转移支付很难及时足额到位，难以充分发挥应有的作用，县乡财政困难日益加剧，各省区经济的差距在不断扩大，两极分化严重。比如教育方面，不管是师资水平还是校舍建设等方面，中西部地区的发展水平都远远比不上东部发达地区。2011 年普通小学、初中生均公共财政预算公用经费支出，最高省份是最低省份的 9 倍左右。其他方面的公共产品和公共服务在不同区域间也存在一定的差距。由此可见，转移支付制度的目标定位应该要与国家的价值准则一致，否则就会把转移支付作为一种政府投资的工具，特别是专项转移支付，在这一点上我国应特别注意。

8.2 完善我国转移支付制度的基本思路

目前，我国正处于深化经济体制改革的新阶段，财政的主要任务是深化财政体制和税收体制的改革，其中完善转移支付是一个重要的改革内容。在这样的大背景之下如何吸取日本的经验、完善我国的转移支付制度，需要“统筹兼顾”的基本思路。

8.2.1 贯彻党的十八届三中全会的改革精神

党的十八届三中全会关于财税体制改革的要求，强调要建立事权和支出责任相适应的现代财政体制。提出“完善一般性转移支付增长机制，重点增加对革命老区、民族地区、边疆地区、贫困地区的转移支付。中央出台增支政策形成的地方财力缺口，原则上通过一般性转移支付调节。清理、整合、规范专项转移支付项目，逐步取消竞争性领域专项和地方资金配套，严格控制引导类、救济类、应急类专项，对保留专项进行甄别，属地方事务的划入一般性转移支付”。这是我国政府对转移支付改革的主导精神和具体要求，是必须贯彻落实的，转移支付制度的改革建议都需要符合这一指导思想。

8.2.2 吸取日本转移支付的经验和优点

比较的目的是学习他人，完善自己，达到“他山之石，可以攻玉”的目的。通过前面的各方面比较，日本在转移支付制度的建立和实施方面都有不少好的做法和经验，而且经过其一百多年的实践证明是可取的，我们要合理地吸收借鉴。当然，日本的转移支付制度也不会是十全十美的，同样存在着缺陷，如缺少横向转移支付，国库支出金实行“项目法”等，但长处还是主要的。在我国经济体制改革中一些人反对照搬外国的做法，主张中国特色，这种观点虽然有一定的理由，但却是片面的。学习外国经验不是要照搬硬套，搞中国特色并不排斥向别人学习，只有把国外好的做法与我国实际相结合才能制定出具有中国特色的转移支付制度。承认别国的经验并不是否定自己，而是为了更好地完善自己。所以，在党的十八届三中全会指导思想指引下，要善于吸取日本的经验，本着取长补短的原则，完善我国的转移支付制度。

8.2.3 转移支付制度改革以结构调整为主

转移支付制度的结构问题是一个核心问题，影响到转移支付的各个方面，转移支付改革要以结构调整为中心。总的来说，完善一般性转移支付增长机制，逐步提高一般性转移支付特别是均衡性转移支付的规模及比重；整合、规范专项转移支付，逐步压缩专项转移支付的规模，对现有五花八门的专项转移支付项目进行彻底清理，严格控制新设项目；探索建立横向转移支付制度，形成纵向和横向交叉的立体型转移支付框架；适时取消税收返、体制补助等不合理的转移支付种类。

8.2.4 制度性改革与环境性改革相结合

所谓制度性改革是指转移支付制度本身的完善与改革，环境性改革是指转移支付制度实施的环境条件，包括法制环境、体制环境、制度环境等。这两方面是相互联系、相互制约和相互影响的，转移支付中出现的一些问题特别是其功效问题并不全是转移支付本身的问题，而是环境因素造成的。日本转移支付的功效之所以比我国整体来说要好，不仅是转移支付制度设计的科学合理，还有环境条件比我国好。所以，完善转移支付制度不能孤立地进行，就事论事，要把二者结合起来，否则问题是不能彻底解决的，即使吸收日本的做法在不同的环境条件下也无济于事。

从转移支付制度本身来说，除了重点抓结构调整外，还要做好转移支付制度的定位工作，使重点转移到调节政府间财力，促进基本公共服务均等化方面等；进一步规范一般转移支付及专项转移支付的分配方法、计算公式，做好有关数据资料的收集和整理分析，制定科学的费用标准等。从环境条件看，要在现代财政制度框架要求下，按照市场经济的要求，进一步转变政府职能，发挥市场机制在资源配置中的决定性作用；进一步完善分税制财政体制，合理清晰地划分中央和地方政府事权与支出责任，理顺政府间的事权关系；加强财政法制建设，使转移支付具有一定的权威性，实现法制化；建立有效的转移支付管理机构体系，确保转移支付制度的规范性、合理性等。环境改革在某种程度来看更加重要，许多国外的经验学过来往往变样，达不到预期的效果，问题就出在这里，必须加以高度重视。

8.3 完善我国转移支付制度的建议

当前，正在推行的财税体制改革，着眼全面深化改革全局，围绕党的十八届三中全会部署的“改进预算管理制度、完善税收制度、建立事权和支出责任相适应的制度”三大任务有序推进，可以说，新一轮财税体制改革是一场关系国家治理体系和治理能力现代化的深刻变革，其目标是建立统一完整、法治规范、公开透明、运行高效，有利于优化资源配置、维护市场统一、促进社会公平、实现国家长治久安的可持续的现代财政制度，而建立科学、规范、高效的专项转移支付制度，是完善现行财税体制的重要内容，也是推进现代财政制度建设的重要途径。转移支付制度改革要明确责任主体、明确资金分配主体、明确监督主体，进一步完善相关制度设计，提高转移支付使用效益和透明度，为优化财政支出结构、完成财税体制改革目标做出积极贡献。

在学习日本转移支付制度优点的基础上，根据我国转移支付制度存在的薄弱环节和不足之处，提出以下完善我国转移支付制度的建议。

8.3.1 加快转移支付法治建设

1. 中央与地方政府事权与支出责任的法治化

为全面落实新《预算法》及全面推进中国共产党十八届四中全会“依法治国”的内在要求，应根据公平效率兼顾的原则，积极推进各级政府事权规范化、法律化，在明确政府间事权基础上实现政府机构、职能、权限、程序、责任法定化。加快中央转移支付的立法进程，依法管理中央转移支付，以减少或杜绝中央转移支付制度运行中的主观性以及各种人为因素的干扰，确保中央专项转移支付制度运行的规范性与制度化。

2. 明确转移支付立法权的归属

决定权可以交给中央政府，法律仅规定不同转移支付的资金比例以及对资金管理和使用的监管。另外，法律规定的转移支付主体的权利和义务必须明晰，宗旨是，中央政府有义务给地方政府以转移支付，用以促进基本公共服务均等化的发展。地方政府有权利通过合理、规范使用转移支付资金而提供本辖区内的基本公共服务。权利和义务都是法定的，中央政府和地方政府之间只需要按照各自的职责去行使权利和履行义务。

3. 转移支付法律体系的完善

为增强转移支付制度的规范性和权威性，为改革提供法律保障，需要加快转移支付立法，尽快研究制定转移支付条例，条件成熟时将其上升为法律。2008 年颁布的第十一届全国人大常委会立法规划将《财政转移支付法》（2003 年）排除在外，主要由于政府职能转变不到位，政府间支出责任不清晰，政府统计体系不完备，既得利益刚性等因素的制约。2012 年年底，国务院曾将《转移支付管理暂行条例》列入立法工作计划。但目前该条例仍未出台，离条件成熟时上升为《转移支付法》更是需要一个漫长的过程。2014 年 12 月 27 日，国务院发布了《国务院关于改革和完善中央对地方转移支付制度的意见》，可以看出，在党的十八届三中全会精神和《国务院关于深化预算管理制度改革的决定》（国发〔2014〕45 号）背景下，规范转移支付是建立现代财政制度的重要内容，是政府管理的重要手段，通过相关配套制度改革，修改完善现行法律法规中不适宜的内容迫在眉睫。

8.3.2 健全我国转移支付的总体框架

1. 合理定位转移支付的功能目标

转移支付实施的功效是检验转移支付制度的试金石，但转移支付的功效涉及各个方面。首先目标定位要准确，以一般性转移支付作为主体，充分发挥协调政府间财政关系，推进公共服务均等化，从而更好地实现中央政府宏观调控的意图，这方面主要发挥专项转移支付的功效。我国转移支付主要目标是保持地区平衡、实现社会公平，不仅与日本转移支付目标有差异，而且与国际上转移支付的主要目标也不尽相同。我国转移支付的目标不应仅是实现弥补财政缺口这一被动目标，根据我国国情，应把实现公平目标即实现全国各地公共服务水平的均等化作为首要目标。中央政府主要提供全国居民享用的公共产品和服务，地方性公共产品和服务则主要由各地政府提供，因此增加欠发达地区的财力尤为重要。

2. 合理选择转移支付模式

转移支付的基本模式有横向转移支付、纵向转移支付以及二者结合三种。不同的客观情况需要不同的转移支付形式，转移支付要适应不同的需要，就应该是多种形式而不是一种形式，不同形式的转移支付有着不同的定位，相互有机地配合，可发挥不同的效应，大大增强转移支付的政策效果，满足不同的经济发展领域。我国长期以来实行的是单一的纵向转移支付模式，虽然一定程度上直接增加了地方政府统筹可支配财力，但不利于协调地区间均衡发展。从市场经济及公共财政改革趋势看，我国不仅应增强纵向转移支付模式，而且在此基础上探索建立横向转移支付模式，最终形成纵横交叉的转移支付框架体系。横向一般性转移支付的实施符合我国的实际国情，但关键是需要建立一种激励经济发达地区支持经济欠发达地区的机制。探索横向一般性转移支付，激励经济发达地区支持经济欠发达地区的机制，这是符合我国的国情的。除了专项转移支付形式以外，还应有一般性拨款、均等性拨款、补偿性拨款、集中性拨款、特殊性拨款以及其他形式的拨款。这样做是符合经济社会发展规律的，也是国际上转移支付制度发展的趋势，我国的转移支付体系也应该是复合型的，专项转移支付应是其中不可缺少的一种类别。

8.3.3 优化我国转移支付的结构体系

与日本转移支付结构相比，我国转移支付结构存在主要的问题之一是和专项转移支付所占比重相比，一般性转移支付占比偏低，专项转移支付不仅所占比重高，项目繁多，同时还存在不尽合理的税收返还、体制补助等类别的补助。优化的措施主要从以下方面进行。

1. 完善一般性转移支付

我国现行的政府间转移支付制度带仍有一定的过渡性，因而在改革中形成了税收返还、原体制补助、年终结算补助、专项补助和公式化补助等多种形式。各种转移支付形式之间各自为政，导致收入上解地区又是专项拨款获得较多的地区。使得转移支付实际上作用相互抵消。转移支付体系应以一般性转移支付为重点，一般性转移支付应是转移支付的主体结构，扩大一般性转移支付的规模及比重。在一般性转移支付结构中，要加大真正属于均等化转移支付形式的均衡性转移支付的比重，使其充分发挥协调政府间财力分配的作用。

2. 完善专项转移支付

（1）区分不同情况取消、压缩、整合专项转移支付项目。首先，建立专项转移支付项目审查批准机制，严格控制新增专项资金，严格控制引导类、救济类、应急类财政专项资金，新增专项转移支付项目必须经充分论证，综合考虑其引导经济发展和提高资金使用效益等因素，集体决策；其次，整合归并现有的专项转移支付资金，整合方式主要有撤销、归并、保留三种类型，对一次性安排的已到期项目，任务完成后予以撤销，对支持方向、扶持对象和用途相近的项目，予以归并整合。

（2）优化专项转移支付内部结构。按照实现政府特定政策目标的要求，逐步理顺专项转移支付的内部结构。对属于地方各级政府事权的专项转移支付项目，专款到位、到期后不再安排，可考虑归并到均衡性转移支付；对属于中央政府事权以及中央政府事权委托地方政府承办的专项转移支付项目，其支出责任应由中央全额承担，中央继续安排补助。

（3）积极推进“分类转移支付”试点。“分类转移支付”即西方国家所称的分类拨款模式，是一种相对较为宽泛的补助形式，具体到接受拨款的地方政府，在资金的使用方向和具体项目安排上有一定的自主权，这符合地方政府最了解当地居民需求的客观实际。典型的如对教育领域的转移支付，中央政府只需规定用于支持地方政府发展义务教育资金额度、基本用途及考核标准，但不必规定具体项目，可由省级政府则负责具体项目遴选、制定和管理，亦可将项目选择权授权给市县级政府，但要对中央政府报告。市县级地方政府拥有资金使用权和项目具体运作权，但项目设计应有完善的科学机制，既要符合实际，又要符合中央的政策目标要求，以求实现中央和地方目标的最大程度切合。

总之，通过各种优化措施，建立一个以一般性转移支付为主，专项转移支付为辅的结构体系。

8.3.4 改进转移支付资金分配方式

目前我国一般性转移支付中，均衡性转移支付在资金分配中运用“多因素法”计算公式，应该建立中央主导的人均财力单因素公式法，由中央确定有关规定，按地区人口和财力状况，以全国平均线为基准。均等化转移支付在测算各地的标准支出时，部分地采用了基于历史数据的回归分析法。这种方法从技术上讲虽然没有问题，但其经济合理性是颇有疑问的。首先，回归法隐含了“过去的是合理的”这一假设前提，承认了既得利益，过去在转移支付资金的地区分配中形成的不合理格局，可能得到进一步复制和放大；其次，回归法中所选择的相关因素，过于依赖人们的主观判断，而主观判断是有缺陷的。当选择不同的相关因素时得到的结果可能产生大的差别。鉴于此，在测算时，原则上应该抛弃回归法。其中，标准收入的测算应该以“经济税基×标准税率”为基础；标准支出的测算应该以“服务单位数×单位成本”为基础，以差异系数加以修正。具体测算口径可存在差异。就目前我国的情况看，标准收入的测算公式有两大类：以“有效税基”（或称有效代理税基）作为经济税基；以“实际税基”作为经济税基。普遍的观点是：通过努力可以找到实际税基的税种，原则上都要采用实际税基作为经济税基；无法找到实际税基的税种可以用代理税基测算。另外，标准支出的测算公式也有两大类：一类是“实际服务单位×全国实际平均单位成本×成本差异系数”；另一类是“标准服务单位×标准单位成本×修正系数”。两者的差别是：前者采用的是按实际数据；后者采用的是虚拟数，即各类服务单位和相应的单位成本都以虚拟的“标准地方政府”为依据，根据国家制度或政策规定的标准确定。这些不同的具体测算方法，在均衡的标准与重点以及工作难度上存在较大的差异，但都符合均等化转移支付制度的内在要求，测算结果也可能不会有太大的差异。因此，都是可以考虑的，也可以同时进行测算，最后选择与比较确定一个最合适的办法。对于专项转移支付资金的分配，我国也要吸取日本的经验，通过由“项目法”向“因素法”过渡，通过公开减少随意性，增加规范性。由上级部门选取部门年度任务、工作目标、实施项目、绩效考核结果以及部门特定因素等专用因素，以及受益地区人口、财力等具有客观性、普适性和可比性的通用因素，科学设置分配因素的量化指标、权重系数和计算公式，规范资金分配办法，以减少随意性。

8.3.5 加强转移支付资金绩效评价

所有特定目标的转移支付项目着重投入控制，却没有明确预期的目标以及为达到该目标配套的责任机制。现存的转移支付基本不采用绩效作为衡量标准的，也没有哪个转移支付项目是为了确保全国最低服务标准而设立的。由于中央政府没有建立起与转移支付制度相适应的绩效考核机制，当中央转移支付资金到达地方后，地方政府支配转移支付资金的主观随意性问题非常突出，这样往往不能实现中央政府通过转移支付特别是专项转移支付所要达到的目的。这在很大程度上影响了转移支付的效率，出现背离转移支付政策目标的趋势。因此，在预算体制改革大背景下，为完成转移支付的目标，很重要的一环是根据转移支付类型和用途，设计完善科学合理的转移支付资金绩效评价体系，加快绩效指标研究设计，尽快形成包括各类支出，符合目标内容，突出绩效特色，细化、量化的绩效指标，实现绩效评价指标体系的共建共享。对其政策目标进行分别考评，根据考评结果奖励资金到位率、项目社会经济效益实现程度较好的地区，调减不按要求使用补助资金或资金使用效率低下的地区。

8.3.6 完善配套改革措施

转移支付制度的完善和运行离不开经济社会大背景，离不开现行的经济、财政政策。完善转移支付制度，还需要加强与其他相关改革措施的配套衔接。

1. 要合理界定各级政府事权和支出的责任范围

应按照成本效率、受益范围等原则，理清中央、省和市县各级政府的事权范围，明确各级政府的基本公共服务供给责任。从国际经验来看，全国性公共产品、与国家经济社会发展关系重大的事务由中央政府负责，区域性和地方性较强的公共产品主要由各级地方政府负责，跨区域的公共产品由中央和地方各级政府共同承担。对一些责任应由中央政府或全部层级政府负担，但效率要求县级政府具体承担的事权，需要各级政府将资金划拨到承担具体事务的县级政府。十八届三中全会已经对事权和支出责任的划分做出了较为清晰的界定。下一步需要进一步细化各级政府的事权清单，将本应由中央政府承担的部分事权收归中央负责，适当加强中央事权和支出责任，理顺中央地方共同事权的支出责任分担机制。

2. 完善地方税体系，增强地方政府收入能力

我国转移支付的目标是解决中央和地方政府间财政的横向不均衡及纵向不均衡，达到基本公共服务均等化的目标。从财政支出的效果来看，尽管转移支付客观上有缩小各省之间财政支出差距的效果，但从过去一段历史时期来看各地区税收差距仍呈扩大趋势，也就是说转移支付并非解决横向纵向不均衡、实现基本公共服务均等化的万能良药。在社会主义市场经济体制下，在转移支付制度不断完善的前提下，完善地方税体系也是提高资源配置效率、促进经济增长，规范和稳定中央与地方之间财政关系，实现中央与地方双赢的重要长久配套改革措施之一。具体而言，可以从以下几方面改革措施入手，第一，调整增值税中央地方分享比例，改革共享方式。营改增之后，增值税的收入将进一步提升。第二，改革企业所得税和个人所得税"全国一率"的税收共享方式，由收入分成改为税率分成或地方征收附加税的形式分成。第三，推进消费税改革，将消费税改造为中央和地方共享税。第四，推进房产税和资源税改革，为市县政府打造主体税种。第五，开征环境税。环境税主要是对现行排污费的费改税，为了增强地方政府治理区域性污染的能力和调动地方进行环境保护的积极性，有必要将环境税作为地方税，使其成为地方政府一个稳定的收入来源。

3. 活用公私合作（PPP）模式，弥补地方公共服务支出缺口

2013 年 9 月，国务院办公厅印发了《关于政府向社会力量购买服务的指导意见》。明确要求在公共服务领域更多利用社会力量，建立健全政府向社会力量购买服务机制，加大购买服务的力度。2014 年 12 月，财政部印发《政府和社会资本合作项目政府采购管理办法》及《政府采购竞争性磋商采购方式管理暂行办法》，进一步推进政府职能的转变，更好发挥市场在资源配置中的决定性作用。同时，一些相关的带有指导性意义的文件正在密集出台，由此可见，政府购买服务是推动政府职能转变、承担公共

服务的机制创新。这一公共服务提供模式的特点是在生产环节引入市场机制，把公共服务的生产过程交给市场或社会，政府通过购买服务来提供。政府是服务提供的决策者但不是生产者，即在服务提供的执行过程中主要利用市场手段，无须政府自己去做。政府主要进行规划、设计等前期工作，私人部门主要参与中期建设和后期运营。

与政府购买相比，公私合作（PPP）是在更深的层次上引入了市场机制。关于公私合作有很多种定义，但其核心都是公共部门与私人部门的一种合伙制关系。广义的公私合作是指政府以授予特许经营权为特征，为了提供公共服务而与私人部门建立的合作关系，譬如 BOT、BOO、PFI 等模式。狭义的公私合作则更强调公共部门与私人部门的全过程合作。无论公私合作的形式如何多样，其发展在很大程度上是为了引入私人部门在设计、建设、运营、维护等方面的技术和管理经验。公私合作模式不仅能在一定程度上化解我国地方政府融资平台的债务风险，还能够解决地方政府履行公共服务提供职能中遇到的资金不足问题，为其提供本地公路、污水处理、医疗、教育等基础设施中难以承受的资金需求，充分利用政府部门与私人部门的各方优势，达到降低服务提供成本和提高服务质量与供给效率的效果。如果条件成熟的地方政府能够活用这一模式，也将节省大量的转移支付资金，尤其是在新型城镇化发展过程中各地基础设施投资任务较重，利用这一模式就能够化解地方融资困难，为国家节省大量的财政资金，并且成为一种体制机制创新，真正发挥财政资金“四两拨千斤”的作用。

8.4 小结

转移支付的改革和完善是一个宏观、长期性的研究课题，涉及财政学、政治学、社会学等多个学科及领域。转移支付的改革和完善需要密切关注宏观政治经济环境的变化，在不断完善财政自身措施的同时，也要考虑与财政外部的相关配套措施的协同推进。本章重点通过与日本转移的比较研究的基础上，总结我国转移支付体系存在的若干典型问题。在此基础上论述了改革和完善我国转移支付制度的基本思路及意见、建议。

参考文献

［1］财政部财政科学研究所，中国财政学会外国财政研究专业委员会. 经济危机中的财政：各国财政运行状况（2011）［M］. 北京：中国财政经济出版社，2012.

［2］贾康，赵全厚. 中国财税体制改革30年回顾与展望［M］. 北京：人民出版社，2008.

［3］加藤弘之，丁红卫. 日本经济新纶：日中比较的视点［M］. 北京：中国市场出版社，2008.

［4］李萍. 中国政府间财政关系图解［M］. 北京：中国财政经济出版社，2006.

［5］楼继伟. 中国政府间财政关系再思考［M］. 北京：中国财政经济出版社，2013.

［6］卢中原. 转移支付和政府间事权财权关系研究［M］. 北京：中国财政经济出版社，2007.

［7］罗宾·鲍德威，沙安文. 政府间财政转移支付：理论与实践［M］. 北京：中国财政经济出版社，2011.

［8］吕晨飞. 澳大利亚均等化转移支付制度研究［M］. 北京：北京大学出版社，2010.

［9］马海涛. 转移支付制度［M］. 北京：中国财政经济出版社，2004.

[10] 马海涛，姜爱华，等．政府间转移支付制度［M］．北京：经济科学出版社，2010.

[11] 财政部赴日考察团．日本国政府间财政关系考察报告［J］．财政研究，1995（1）．

[12] 财政部预算司赴日体制考察组．日本的行政与财政制度［J］．经济研究参考，2002（51）．

[13] 陈国美．日本转移支付制度简介［J］．上海财税，1999（9）．

[14] 陈永平．日本转移支付制度法初探［J］．法学杂志，2001（6）．

[15] 贾康，段爱群．预算法修改中的创新突破与问题评析——关于《预算法》修改的意见和建议［J］．财政研究，2013（06）．

[16] 贾康，赵全厚．政府间财政体制变革［J］．经济研究参考，2009（2）．

[17] 李江涛．日本政府间财政关系与转移支付制度及其对我国的借鉴意义［J］．经济研究参考，2011（41）．

[18] 李玉兰，亦冬．日本的财政收支及转移支付制度［J］．涉外税务，1996（6）．

[19] 林家彬．地区政策与中央地方关系——日本的做法及借鉴意义［J］．经济研究参考，1996（46）．

[20] 刘志广．日本地方交付税制度及其对中国实现基本公共服务均等化的启示［J］．现代日本经济，2011（1）．

[21] 刘桂芝，韦红云．地方财政困境与转移支付体系的改革——借鉴日本的财政体制［J］．东疆学刊，2012（4）．

[22] 刘琳，孙磊．日本转移支付制度概述及经验借鉴［J］．商业研究，2012（3）．

[23] 刘晓凤，莫连光．构建和谐社会的转移支付制度——日本转移

支付制度对我国的借鉴［J］．财贸研究，2006（5）．

［24］龙卓舟，陈达．日本的转移支付制度及其借鉴［J］．新疆财经学院学报，2002（3）．

［25］邵广东．日本的转移支付制度及其借鉴［J］．上海财税，1997（2）．

［26］苏明．国外中央与地方财政分配关系的特征及借鉴［J］．经济纵横，1993（12）．

［27］王朝才．日本中央和地方财政分配关系及其借鉴意义［J］．广东商学院学报，2005（5）．

［28］吴昊，李成良．论日本协调地区间经济关系的途径及其作用［J］．现代日本经济，2004（6）．

［29］项中新．日本中央地方关系的特征与启示［J］．财政研究，2003（4）．

［30］许建国．日本各级政府间的财政分配机制及其启示［J］．中南财经政法大学学报，1995（3）．

［31］张朝晖．日本转移支付制度的借鉴与启示［J］．经济管理，1997（9）．

［32］赵惠敏，董蕾．日本的财政分权体制及对中国的借鉴［J］．经济研究参考，2007（17）．

［33］中国人民大学“中央与地方财政分配关系”课题组．关于中央与地方的财政分配关系［J］．财贸经济，1993（10）．

［34］周继良．对日本政府间转移支付制度的再思考［J］．决策借鉴，1996（6）．

［35］贾康，梁季．中央地方财力分配关系的体制逻辑与表象辨析［R］．财政部财政科学研究所，2009.

［36］赵云旗．专项转移支付改革中有关问题研究［R］．财政部财政

科学研究所，2013.

［37］赵云旗．优化我国专项转移支付结构的建议［R］．财政部财政科学研究所，2013.

［38］国家发展和改革委员会国际合作中心．创造公平、开放与可持续发展的社会：财税改革再出发——中青年改革开放论坛（莫干山会议・2013）文集［M］．北京：中国市场出版社．

［39］中华人民共和国财政部条法司．日本财税立法及执法研修报告（三）日本转移支付及地方债制度研修报告［EB/OL］．中华人民共和国财政部政务信息法规信息反映，2012－12－21.

［40］赤井伸郎・佐藤主光・山下耕治：『地方交付税の経済学：理論・実証に基づく改革』，有斐阁，2003.

［41］大竹文雄：『日本の不平等』，日本経済新聞社，2005 年．

［42］金弦樹：『韓日間の地方交付税制度の比較研究』N456，日本貿易振興機構・アジア経済研究所，2010 年 2 月．

［43］西川雅史：『財政調整制度下の地方財政』，ISBN978－4－326－50352－0，2011 年 9 月．

［44］草場洋方・鈴木将覚：「地方自治体間の財政力格差にどう対処すべきか　求められる地方税原則と徹底と財政調整制度の再考」，『みずほ総研論集』2008 年Ⅲ号．

［45］赤川竜彦・阿武隆史・中田恒平・葉山拓也：「地方分権における地方財政制度の実態とその問題点」，2001 年．

［46］赤木博文・稲垣秀夫・鎌田繁則・森徹：「水平的地方財政調整制度の自主的運営と機能に関する実験研究」，『オイコノミカ』第 42 巻第 1 号，2005 年．

［47］飛田博：「地方交付税算定の現状と課題」，『2010 年度算定にみる算定構造の空洞化』，2010 年．

［48］菅原宏太：「地方財源の地域間偏在－地域間税収格差と地方交付税の再分配効果」－No. REGION－16，2006 年 3 月 28 日.

［49］鞠重鎬：「日韓の地方財政比較」，財務省財務総合政策研究所『フィナンシャル・レビュー』，2004 年 5 月.

［50］林宏昭：「地方交付税の地域間再分配効果」，『フィナンシャル・レビュー』第 40 巻，1996 年.

［51］林宣嗣：「地方分権化時代における地方財源のあり方に関する研究」，『経済分析第 150 号』，1997 年 6 月.

［52］林正義：「国と地方の役割分担　再分配的歳出を中心にした国際比較」，『財務省財務総合政策研究所と中国国務院発展研究中心（DRC）との「地方財政（地方交付税）に関する共同研究」最終報告書』，2006 年.

［53］林正義：「地方交付税の経済分析－現状と課題－」，『経済政策ジャーナル』第 3 巻第 2 号，2006 年.

［54］麻生良文：「地方政府支出と補助金の効果」，『法学研究』第 76 巻第 6 号，1994 年 6 月.

［55］麻生良文：「水平的財政調整制度の役割について」，『会計検査研究』No. 39，2009 年 3 月.

［56］木村収：「地方税源充実と市町村税の地域格差問題」，『京都学園大学経済学部論集』第 11 巻第 2 号，2001 年.

［57］砂原庸介：「国と地方の権限配分についての論点整理」，2009 年.

［58］松浦茂：「米英独仏における国と地方の財政関係」、『国立国会図書館 ISSUE BRIEF NUMBER 612 調査と情報－ISSUE BRIEF－』No. 612，2008 年 3 月 27 日.

［59］梶谷懐・星野真：「中国内陸部における政府間財政移転の決定

要因と再分配効果－県レベルデータを用いる実証分析」，「」アジア研究』（Vol. 55No. 1），2009 年1 月.

［60］小淵港：「道州制の財政問題（道州制研究会道州制に関する研究）」、『地域創成研究年報』. vol. 4，no. ，p. 94－102，2009 年3 月.

［61］原田博夫・川崎一泰：「地方交付税制度の構造－都道府県の場合－」，『公共選択の研究』39，2002 年.

［62］竹本亨・小川一仁・高橋広雅・鈴木明宏：「地方政府間の距離が財政調整に対する態度に与える影響－独裁者ゲーム実験からの示唆－」，『Tezukayama RIEB Discussion Paper Series No. 7』，2013 年11 月.

［63］佐藤主光：「政府間財政関係の政治経済学」，財務省財務総合政策研究所『フィナンシャル? レビュー』，2006 年5 月.

［64］○：「地方財政調整における「水平と垂直」の課題」，『PHP 政策研究レポート』（Vol. 7No. 85），2004 年9 月.

［65］財務総合政策研究所：『財務省財務総合政策研究所と中国国務院発展研究中心（DRC）との「地方財政（地方交付税）に関する共同研究」最終報告書』，2006 年.

［66］神野直彦：「地方財政の基本問題」，於：如水会館，1994 年6 月18 日.

［67］斉藤節夫：中国における地方財政の構造と実態、http：//yp-ir. lib. yamaguchi－u. ac. jp/sc/file/1580/20120529103637/SC20046000104. pdf.

［68］Marlowe，F.（2004）“Dictators and Ultimatums in an Egalitarian Society ofHunter－Gatherers：The Hadza of Tanzania”，Foundations of Human Sociality：Economic Experiments and EthnographicEvidence from Fifteen Small－Scale Societies.

［69］Rankin，F. W.（2006） “Requests and social distance in dictator games", Journal of Economic Behavior and Organization, Vol. 60, No. 1, pp. 27 –36.

[70] Fischbacher, U. (2007) "z – Tree: Zurich tool box for ready – made economic experiments", ExperimentalEconomics, Vol. 10, No. 2, pp. 171 – 178.